遠隔心理支援スキルガイド

どこへでもつながる援助

前田正治・桃井真帆・竹林由武 編著

誠信書房

刊行に寄せて

　編者が所属する福島県立医科大学では，東日本大震災とその後の原発事故を受けて，日本全国に離散してしまった避難者に対して心身の健康面での支援を続けてきました。ただ支援といっても，カバーする領域があまりにも広域なので，その手段も限られてしまいます。なにしろ福島県は日本で3番目に大きな面積をもつ県で，しかも避難者は一時10万人を超えていました（今なお4万人近い方々が避難生活を余儀なくされ，そのうち約3万人は県外への避難者です）。

　このような状況下で，私たちは電話による支援，しかもこちらから架電するという支援を8年以上展開してきました。電話支援を行った住民は，実に延べ3万人を超えています。そして，この架電支援は（私たちは「アウトリーチ型電話支援」と名付けていますが），こうした状況ではとても有用であって，住民からの反応もよいということを知りました。

　そして今，私たちは突如，新型コロナウイルス感染症の大流行に見舞われてしまいました。人々の交流は著しく制限され，支援のネットワークも機能しなくなりました。武漢からのレポートなどを読むと，遠隔支援の必要性，有用性が強く示唆されていましたが，予想に反してそれはなかなか日本では普及しませんでした。日本は有数のIT先進国だったはずなのですが，そうした技術革新がケアや介入の場面でほとんど生かされなかったのです。

　そのような状況に非常に危機感を覚え，私たちのノウハウを今こそ伝えるべきだと考えました。まずは身近な電話の活用です。本書の半分はその電話支援について，とくにあまり類書がない，支援者側から電話をするという積極的な活用法（アウトリーチ型電話支援）についてまとめてみました。

　ただ，もちろん遠隔支援法は電話だけではありません。ビデオや動画，アプリやテキストメッセージなどを用いた支援法や介入法もまた，現在模索さ

れています。これらは，コロナ禍の現在はもちろんですが，今後もっとさまざまな領域でおおいに活用されるべき援助方法です。本書の後半はこうした新しい試みについても，全国でこのような支援法に積極的に取り組んでいる，あるいは取り組もうとしている専門家の仲間とともにまとめてみました。また，一刻も早く出版したいという思いから，本書はすでに2冊の電子書籍として先行出版されています。今回の出版は，それらを紙ベースでひとつにまとめたものです。

　本書が一人でも多くの支援者に役立つことを，そして結果として，多くの住民やクライエントの回復に役立つことを祈念しています。

　2020年10月

編著者　前田 正治

目　　次

Part I　アウトリーチ型の電話による心理支援

第1章　はじめに _____ 3

第2章　アウトリーチ型電話支援の有効性
　　　　　──受電型との比較から _____ 6

第3章　まず準備すべきこと _____ 13

Part II　インターネットを用いた心理支援

Part I   アウトリーチ型の電話による心理支援

第 1 章 はじめに

　コミュニケーションは，それが言語的であるなしにかかわらず，対面で行われるのが通常です。しかし，人はどうしても会えないとき，たとえば遠く離れているとき，あるいは何らかの事情で直接会えないときには，さまざまな手段を使ってコミュニケーションを図ろうとします。人類の歴史では長らく，手紙がそのような遠隔コミュニケーションの役割を担ってきました。しかしながら，手紙には即時的な，双方向的なコミュニケーションは期待できません。

　やがて19世紀に入ると，電信技術が発展して，モールス信号などの無線技術，あるいは電報のような，手紙よりはよほど素早いコミュニケーション・ツールが生み出されました。そして，いよいよ電話の登場です。電話は，それまでの手間ひまがかかる方法を一掃し，やがて日常的なコミュニケーション形態として人々の間にすっかり定着しました。インターネットが盛んになった現代でさえ，遠隔コミュニケーションの最も代表的かつ普遍的なツールは電話です。

　そのような利便性や普遍性を有した電話ではあるものの，コミュニケーションによる介入を旨とする心理的援助法としては，（とくにわが国では）ほとんど定着しませんでした。携帯電話の普及によって，一家に一台どころか一人一台となった現代でさえそうです。これは，極めて不思議なことと言えます。たしかに「いのちの電話」などのいわゆるホットライン・サービスはあるものの，わが国で電話を用いた心理的介入法が普及したとは，とても言い難いのが現状です（米国では，以前から電話による心理的介入法は熱心に行われていました）。日本ではなぜ，電話による介入技術は進歩しなかったのでしょうか。

　たしかに電話には，相手の顔が見えないというデメリットがある，つまり非言語的なコミュニケーションが制限されています。また，金銭的なことも含めて，ルールを設けるといった構造化がしづらいのかもしれません。しかしながら，多くのメリットもあります。どれほど遠くに離れていても，電話さえつながればコミュニケーションをとることができます。電話料金を考えなければ通常時間的な制約もないし，顔は見えなくても，声の調子でかなり非言語的情報をキャッチできます。

　電話による心理的介入（援助）法が普及しなかった最大の理由は，むしろ電話がもつ利便性そのものにあったのではないでしょうか。率直に言えば，安易に過ぎるように思えたのではないでしょうか。たしかに電話では，「大切なこと」を話し合うことは，日常的には少ないかもしれません。そして，扉をたたき，互いに顔を見て，目を見て語る，そうでなければ「大切なこと」は語れないという文化や常識が私たちにあって，それゆえに電話による心理的介入法は普及しなかったのではないでしょうか。

　しかし，心理的援助を必要とする場面は，そもそも非日常的出来事に属することも少なくありません。対面による心理的援助を基本としても，もっともっと電話という身近なツールを利用した援助法を省みてもよいのではないでしょうか。そもそも対面式の面接で役に立つスキルは，電話でも役に立ちます。基本は同じです。思い出してほしいことは，現在災害時の援助法として定着している訪問型のアウトリーチ・サービスもまた，阪神・淡路大震災までは，心理的介入手段としてはほとんど考慮されなかったことです。当時，面接室を使わなければ心理的援助とは言えないといった治療文化が，とくに心理療法家と言われる人々に強かったのです。

　さて，私たちは福島原発事故被災者に対して，毎年質問紙郵送調査を実施し，それに基づいた電話による心理的援助を行ってきました。毎年3,000名を超す人々に対して電話をかけ，生活のこと，健康のこと，お金のこと等々，さまざまなことを語り合ってきました。時間も5分で終わることもあれば，30分以上かかることもありました。感謝されることもあれば，苦情や怒りを向けられることもありました。面接法に比べれば，心理的介入として

限界もありましたが，しかし私たちが電話で出会った人々，すなわち全国各地に離散してしまった被災者は，対面式の面接法を用いていればそもそも出会うことすらできなかった人々でした。

　Part Ⅰでは主として電話による介入法，とりわけ，**かかってくる電話（受電）を待つのではなく，援助者側から電話をかける（架電する）方法**について，そのコツや要諦をまとめてみました。私たちはこの方法を「**アウトリーチ型電話支援**」と呼んでいます。このような架電支援こそ，「お茶の間」に直接入ってコミュニケーションを図る，アウトリーチ性が非常に高い手法であると気づいたからです。それゆえに慎重さもいるし，気をつけるべきこともあります。しかし，困ったときに来てください，あるいは電話をかけてくださいと言って，それに応える人，応えられる人はごくわずかです。

　リソースが少ない，経済的余裕がない，あるいはそもそも外になかなか出られないといった状況では，アウトリーチ型電話支援は極めて役に立つ手法です。とくにコロナ禍に見舞われている現在，ぜひとも試みてほしい手法であると確信しています。

［前田正治］

第 2 章 アウトリーチ型電話支援の有効性
——受電型との比較から

1. 電話支援サービスの方法

　電話支援の方法は，大きく分けて次の2つのタイプがあります。1つは**受電型の支援サービス**であり，もう1つが**アウトリーチ型の電話支援サービス**

表2-1　電話支援の特徴

	受電型支援	アウトリーチ型電話支援
例	「いのちの電話」などの各種ホットライン，災害時にはしばしば開設される	日本ではシステマティックに行われている例は少ない
対象者の匿名性	匿名が原則	匿名化しないことも多い
支援者の匿名性	匿名が原則	匿名化しないことも多い
単回性	単回支援が原則	単回支援でないことも多い
対象者	比較的幅広い	比較的狭い
利用目的	比較的幅広い	目的から外れることは少ない
頻度や時間帯のコントロール	難しい	比較的簡単
対象者の動機や積極性	かなり必要	必ずしも必要でない
事前の対象者の状況把握	必要でない（できない）	ある程度必要
専門性	さまざま	比較的高い
通話費用	通常は対象者負担	通常は支援者負担

です。前者は典型的にはいわゆるホットライン・サービスとして知られており，有名な支援が「いのちの電話」（コラム❶参照）ですが，これ以外にも災害などではしばしば開設されています。

　一方，後者については，システマティックに行われている例は日本では少ないようです。架電型支援の特徴を浮かび上がらせるために，この両者を比較してみましょう。表2-1には，その特徴をまとめています。

コラム❶　いのちの電話

　いのちの電話は，「電話で自殺予防」をキャッチフレーズとしてロンドンで始まった，ボランティア活動です。その活動内容は，電話を通じて行われるクライエントとの対話によって，よき隣人，よき理解者としてクライエントの死にたい気持ちに寄り添い，接することを目的としています。その対話の基本的な態度は，否定したり，聞き手側の勝手な判断で決めつけたりせずに，クライエントの苦しみに耳を傾け，受け止めるといった「傾聴や共感」です。

　いのちの電話相談員のボランティアは，そうした対話方法について，一定の研修を受けています。1971年に東京で活動を開始したことをきっかけに，現在では全国50センターで，約7,000人のボランティアが電話相談員として活動しています。2007年からは厚生労働省の補助事業として認可され，2011年の東日本大震災，2017年の熊本地震の際には，被災者をサポートする相談窓口の役割も担ってきました。また最近では，電子メールやチャットなどのインターネット相談も提供しています。さらに2012年からは，自殺で近親者を亡くした自死遺族への相談窓口も開設されています。　　　　［竹林由武］

2. 対象者・支援者の匿名性

　この表に沿って両者の違いについて述べてみます。まず，受電型サービスとアウトリーチ型のそれとの最大の違いは，対象者や支援者の匿名性にあります。「いのちの電話」をはじめとしたさまざまなホットライン・サービスは，匿名での利用を原則としているところが多く，むしろこの匿名性をアピールしていることが多いと思います。これは，電話支援の敷居をなるべく下げることが大きな目的だからです。すなわち，**受電型支援は対象者の強い動機や積極性が求められる**ため，匿名にしないとますますかけづらくなってしまうからです。

　一方，アウトリーチ型電話支援はこちらから電話をかけるのですから，当然ながら最低でも相手の名前と電話番号はきちんと把握していることになります。少なくとも匿名ではないわけです。ただし，受け手（対象者・クライエント）の動機は，高いこともあれば低いこともあります。前もってそれを調べておく方法（電話支援を希望するかを，手紙などであらかじめ尋ねるなど）もありますが，多くの**ハイリスク・アプローチ**（コラム❷参照）では，

コラム❷　ハイリスク・アプローチ

　支援する対象者が多数の場合に行う介入法。全員への個別支援が難しい場合に，なんらかの方法で対象者のなかから健康上のリスクの高い人々を抽出して，介入・支援する方法。メンタルヘルスの領域では，ハイリスク者の抽出にしばしばアンケート調査（質問紙法）を用います。また，とくに弱者性を有する対象集団（高齢者や子ども，障がい者など）をあらかじめ特定してから，ハイリスク・アプローチを行うこともあります。対照的に，対象者全員の健康度を上げるような方法（さまざまな形の啓発活動など）を，ポピュレーション・アプローチと言います。

[前田正治]

こちらが架電する対象者を選ぶことになりますので，**クライエントの動機を問うことは少ないでしょう**。そういう意味では，困っているかどうか，ニーズがあるかどうかは問わずに訪問する，**アウトリーチ的な支援方法**（コラム❸参照）ということになります。御用聞き的な支援であるとも言えます。

　この匿名か否かに関連することですが，対象者匿名の原則であれば，連続的な支援を前提にしません。当然のことですが，連続した支援を行うには，やはり匿名では限界があります。すなわち，匿名の支援は単回支援が原則ということになりますし，逆に**アウトリーチ型支援は継続的な支援ができるのが，大きな特徴**となります。

　このように，継続的支援ができるのはアウトリーチ型電話支援の特徴ですが，上述したようにクライエントの動機が低い場合もありますから，何を目的に電話したのかをきちんと伝え，相手の理解を得る必要があります。そういう意味では，支援者側にも専門性がそれなりに求められます。「私は〇〇というもので，△△の目的で電話をしました」と伝えることになるので，こちらも身分なり組織なりを，かなり明確に伝える必要がありますし，**信頼関係の構築がアウトリーチ型電話支援の成否の大きなカギ**となります（ただ

コラム❸　アウトリーチ

　治療を含む通常の支援は，困難を抱えた対象者が，医療機関や施設を訪れて始まります。すなわち来談・来所・来院が基本となりますが，そうした支援を求める行動（ヘルプ・シーキング行動）をなかなか取れない人も数多くいます。とくに災害後などは，支援ニーズは実際には高まっているにもかかわらず，多くの被災者が恥ずかしいという気持ちから，あるいは経済的・時間的な制約から，来所・来院することをためらうことも少なくありません。こうした場合に，支援者のほうから自宅を訪問したりする方法を，一般に「アウトリーチ」的支援と言います。ここで紹介する架電支援もまた，こうしたアウトリーチ的な発想に基づいた支援であると言えます。　　［前田正治］

し，一度は直接対面で支援対象になっていたならば，この過程は省かれるために，信頼関係構築は著しく楽です）。いずれにせよ，受電支援と異なり，アウトリーチ型電話支援では支援者側が名前を名乗ることが多いと思います。

3. 支援者のマンパワー

　また，受電支援では相手の電話待ちになるため，当然ながらその時間帯は，誰かがそこで待機する必要があります。電話があろうがなかろうが，待機させる人材が必要となるため，それだけマンパワーも必要です。長期間ホットラインを維持することは実は大変なことで，それだからこそ「いのちの電話」などでは，専門職だけではないボランティアの存在が不可欠となります。

　さらに，専門職だけからなるホットライン・サービスは，期間限定であるとか，有料などの工夫が必要となります。それに対してアウトリーチ型電話支援では，行う時間については支援者側にイニシアティブがあるので，（対象者が受電できそうな時間帯は考慮しなければならないものの）そのコントロールは容易ですし，待機しなくてすむぶん，マンパワーもそれほど必要ではありません。実はこのことは，この支援法のかなり大きなメリットです。ホットライン・サービスを運営した経験があれば，"穴"を作らずにシフトを組むことの困難さについては，よくよくわかると思います。

4. 費　用

　さて，費用については，表2-1には一般的な固定電話の場合を想定して書いていますが，現在ではこれに関しても，フリーダイヤルを使うとかIP電話を使うなど，さまざまな工夫ができるようになりました。

5. 対象者の警戒を払拭する

　むしろ現代ならではの問題は，“悪質電話”ではないことを，いかに対象者にわかってもらうかです。ホットラインの場合は対象者から電話をかけるわけですから，その点については対象者が事前に調べることは可能です。一方，アウトリーチ型の場合は，とくに高齢者では，振り込め詐欺の横行に伴って，かなり警戒的になってしまいます。アウトリーチ型電話支援において関係性を築く際の難しさはここにあるでしょうが，手紙を前もって配送しておくなり，（面接などで）すでに面識があるなりしていれば，この困難さは回避できます。

　訪問支援に比べると，見ず知らずの人からの電話で関係性を築くことはそれなりに難しく，実際に私たちの研究でもそれは実証されています。つまり，アウトリーチ型電話支援の有効性は，受け手（対象者・クライエント）の予期性や心の準備性，すなわち電話があることを予想していたかどうかに影響されることがわかっています。

6. アウトリーチ型電話支援のメリット

　最後に，アウトリーチ型電話支援の大きなメリットについて述べます。それは**支援の目的が明確であり，焦点化しやすい**ということです。これは「いのちの電話」のような受電型支援の経験があると，容易にわかります。

　著者（前田）は犯罪被害者支援に長く携わっており，なかでもホットライン，受電型支援システムの立ち上げに関わってきました。もともと犯罪被害者からの相談電話を受け付けることが目的でしたが，いざ始めてみると，相談電話の7割以上が，被害妄想と思われる方々からの電話でした。電話支援員の戸惑いも大きく，こうした対象者の対応にかなりのエネルギーを割かざるを得ませんでした。このような目的外の電話があることの戸惑いは，「い

のちの電話」でもしばしば見られることで，これは受電型支援の有する宿命的な課題のひとつであると言えましょう。時には，いたずら目的やハラスメントまがいの電話の対応に，多くの時間を割かなければならないこともあります。

　ところがアウトリーチ型電話支援の場合は，当然のことながら目的は明確ですし，対象者の動機づけという課題はあるにせよ，上述のような目的外の対応を迫られることは通常ありません。これは大きなメリットのひとつと考えられます。

　以上，アウトリーチ型電話支援の特徴やメリットについて，とくに受電型支援との比較から述べてきました。ここからは実際の架電支援の方法について，より具体的に述べていきます。

［前田正治］

第 3 章 まず準備すべきこと

　アウトリーチ型電話支援は，基本的に電話一本あればできる支援です。とはいえ，訪問や来所による支援や，医療機関の個室（面談室やカウンセリングルームなど）での支援を行ってきた方にとっては，新しい環境での支援活動になるでしょう。そのため，アウトリーチ型電話支援を行うにあたり，その組織体制や環境などをあらかじめ整えておく必要があります。緊急時において，すべてが整えられた環境で支援をスタートすることは困難ですが，できる限り組織体制や環境を整えることで，支援者のストレスやリスクを最小限にし，電話支援を開始した後の混乱を防ぐことが可能です。

1. 支援実施者の決定

　まず，支援実施者は誰にするのかを決める必要があります。具体的には，ある特定の職種に限定した支援チームを構成する場合や，多職種の支援チームを構成する場合などが考えられます。

　前者の場合は，同じ職種でのチームとなることで，支援する際の着眼点や支援方針に齟齬が生じにくくなることや，支援チームの職員間の意思疎通も取りやすいというメリットがあります。後者の場合は，さまざまな専門性を生かした多角的で包括的な支援を行いやすいことや，1つの職種に限定しないことで，支援チームの職員を比較的集めやすいというメリットがあります（図3-1参照）。

　支援チームの構成員をどのようにすべきかについては，どのような対象者にどのような支援を行うかによっても変わってくるため，支援目標と支援内

図3-1　支援チームのミーティング風景

容をあらかじめ明確にしておかなくてはなりません。

2. 支援環境

　支援を行う環境を整える必要があります。アウトリーチ型電話支援でも，対面式での支援と同様に，とても個人的な情報を取り扱うことになります。そのため，支援を受ける方にとってはもちろん，支援に携わる者にとっても，安心して自分の悩みや困っていることなどを語ってもらう環境を整えることが重要です。また，個人情報の取り扱いと守秘義務は，支援チームの職員間でもきちんと共有し，遵守しなければなりません。

　そのうえで，アウトリーチ型電話支援を行う部屋は，一般の方や第三者が見聞きすることができず，立ち入ることができない場所に設置しなければなりません。そのため，支援を行う場合には，間取りや部屋の大きさなどの物理的な問題に直面する場合もありますが，可能な限り電話支援だけを行う部屋を確保する必要があります。別室を用意できない場合も，パーティション（仕切り）を設置するなどして，目隠しや，音が周囲に漏れない工夫をする

よう努めます。

3. セキュリティ対策

　最も重要なセキュリティ対策としては，①可能であれば，電話支援を行う部屋をオートロックにする，②個人情報に関わる資料は鍵付きのロッカーに保管をする，③個人情報に関わるデータの取り扱いについてもルールを共有する，といったことが求められます。こうした取り決めは，母体となる職場全体で規約として適用されている場合も多いと思いますので，そうした情報もあわせて確認し，一貫した対応をとるようにしましょう。

　その他，守秘管理などのセキュリティ対策については，IPA（情報処理推進機構）などが作成した，わかりやすい教育用アプリがいくつか作られています。そうした教材を視聴しておくことを，組織として義務化してもよいかもしれません。とりわけ電子媒体を用いた記録の場合は，セキュリティ対策は極めて重要です。

4. 電話の準備

　まず，「電話」を設置しますが，回線の本数をどの程度にするのか，電話料金は相手の負担か，それともフリーダイヤルにするのかを決めなくてはなりません。フリーダイヤルの場合には，事前にサービス使用料や工事費などが必要となりますが，オプションサービスの選択肢もあるため，アウトリーチ型電話支援の目的やニーズを想定しながら検討するとよいでしょう。

　また，アウトリーチ型電話支援の場合，支援者から架電をしたときは不在だったものの，その後に対象者から折り返しの電話（コールバック）をもらうケースが多々出てきます。この場合，そのまま支援を行うと相手側に電話料金が発生するため，かけ直して支援を行うのかどうかについても，事前に

図3-2　支援者のブースとヘッドセット

決めておく必要があります。

さらに，受話器を持ちつつ記録することは困難なので，ヘッドセットを準備し，両手を使えるようにするとよいでしょう（図3-2参照）。

電話支援では，時に緊急度の高い内容や，激しい怒りをぶつけるような内容で，支援者が一人で対応することが困難な場面に会うことも少なくありません。このため，電話の内容を別の支援者がモニターするようなシステムも役に立ちます。たとえば，スピーカー機能をつける，2台のヘッドセットで聴けるようにする，電話機を並列につなぐなど，方法はいくつかあるので検討するとよいでしょう。あわせて，通話の録音機能の有無についても，導入前に検討しましょう（ただし，もし録音する場合には，クライエントにもその点を伝え，同意を取る必要があります）。

5. 支援体制

訪問の場合には複数名で支援を行うことが可能ですが，電話支援では対象者と支援者の一対一のやり取りが中心となります。また，電話支援では，相手の顔や様子を視覚的に確認することができないため，対面式の支援と比べると，やや匿名性が高い状態での支援となります。そのため，より感情をあらわにされたり，問い詰めるように話をされるケースも想定されます。

こうした場合を考えると，可能ならば一人の状況で電話支援を行うことはできるだけ避けるようにします。複数の職員がいることで，対応に苦慮するケースに遭遇した場合でも，すぐに周囲の職員に相談することができ，場合によっては担当者を替えて，あらためて電話対応を行うこともできます。こ

のようにすることで，誤った関わりをしてしまうリスクを最小限にすることができ，支援する側の安心にもつながります。

6. 記　録

　電話支援においても記録は非常に重要です。内容に関しては，電話支援の目的に応じてさまざまな形式がありますが，以下は記録する際の留意点として，必ず押さえておいてください。

① チームの皆が理解できるような，わかりやすい記録
② 記録に時間がかかりすぎない，必要な項目は盛り込まれていても簡潔な記録

　とくに①は，多職種で運営されているチームの場合は大切です。専門用語や略語の使い方はある程度，チームで共有しておきましょう。また，相談を受けた日のうちに必ず記録を残すのが原則ですから，記録は簡潔に終えることが大切です。さらに，相談上で非常に重要なことがあれば，記録だけではなく，必ず**チームの責任者などに口頭で伝えておく**べきです。第5章で述べるようなアセスメントを考えると，あらかじめ聞くべき内容をチェックリスト化しておくとよいと思います。また，こうした記録は，定められた場所以外へ絶対に持ち出さないことが非常に重要です。

　巻末には，私たちが用いている記録票（資料1）や，チェックリスト（資料2）を載せていますので，ご参照ください。

[佐藤秀樹・前田正治]

第 4 章

初回のアプローチ
──クライエントとの関係づくり

　アウトリーチ型電話支援を行う場合，最低限の相手の基本情報，住所や電話番号，年齢などがわかっていることが前提です。初めての支援では，対象者は話をする支援者に緊張感や警戒心を抱きます。可能であれば手紙を送るなどして，あらかじめ電話があることを伝えておけば，あまり混乱はないでしょう。あるいは，初回は直接面談にすると，クライエントとの関係づくりは非常に楽です。

　ただし，災害時などは，そうした事前の配慮が難しい場合もあります。ここでは，対象者（クライエント）が電話支援を予期していない場合を想定して述べてみます。

1. 自己紹介と用件の確認

　初回は，なんといっても対象者（クライエント）との信頼関係を築くことが，何より大切です。電話をかける姿勢として，「温かく，ゆっくり」を意識した声で話しかけ，初めから質問攻めにすることや，指示・指導・助言することは避けましょう。

　まず，自分の所属，職名または職種，名前を告げます。次に，電話の目的を告げます。このときの文言は，簡潔でわかりやすいものにします。とくに，クライエントから直接的に電話番号を聞いていない場合は，相手の不信感が増しますので，どのように連絡先を知ったかも併せて知らせる必要があるでしょう。

　相手への初めての電話は，自分も相手も緊張した状態にあるので，スムー

ズに言葉が出ないこともあります。あらかじめ定型文を作っておくと，余裕をもって第一声が発せられます。

● 文例 ●

「こちらは○○相談センター保健師の□□です。○○県の保健事業である○○相談からの紹介で，△△様にお電話をしております。△△様はご在宅でしょうか？」

「こちらは○○病院臨床心理士の□□です。先日，お約束しておりましたご相談の件でお電話しました。△△様でいらっしゃいますか？」

2. 目的の確認（インフォームド・コンセント）

電話支援では，より緩やかな枠のなかで支援が行われますが，だからこそ面接相談同様，インフォームド・コンセントは重要です。この電話の目的は何なのか，相談のなかで何を目指すものか，守秘義務についてなどの基本的な事項を，相手が理解しやすい明瞭な言葉で伝え，相手の了解を得てから支援を進める必要があります。

しかし，初めからビジネスライクな口調で用件のみを伝えてしまうと，冷たい印象をもたれてしまうので，矢継ぎ早に用件のみを言うのではなく，相手の反応をうかがいながら話を進めていきます。

● あらかじめ伝えておくべき事項 ●

- 目的
- 支援の目標・到達点
- 守秘と危機介入時の対応
- 時間や料金について（必要に応じて）

● 文例 ●

　「この電話では，△△様の最近のこころや体についての健康や心配事な
どをうかがっております。お話した結果，必要に応じて訪問や医療機関へ
の受診をお勧めすることもあります。相談内容の秘密は守られ，△△様の
希望や同意なく，誰かに伝えることはございません。お話を続けてもよろ
しいでしょうか？」

3. 相手の驚きや戸惑いに対する共感

　すでに関係性がある相手や，直接面会して約束を取り付けた場合であれ
ば，警戒心をもたれないでしょうが，初めての電話の場合，対象者は少なか
らず驚きや警戒心を抱きます。その驚きや戸惑いに共感するような一言を添
えるだけで，場を和らげることができます。

● 文例 ●

「突然のお電話で驚かれたでしょう。」
「どこからの電話かと戸惑われましたか？」

4. 雑　談

　対象者との関係を作るうえで，「雑談」は極めて重要な意味をもちます。
一見，無駄な会話のように思えますが，顔の見えない相手だからこそ，その
人となりを知るためにも役立ちます。ただ，雑談が長くなってしまうと本来
の目的が見えなくなっていくので，本題に入る前に，1テーマから2テーマ
ぐらいで切り上げるようにしましょう。

● 雑談の効用 ●

- 支援者の友好的な姿勢を伝える。
- 相手の警戒心を解き，リラックスした対話のムードを作る。
- 相手のふだんの生活・趣味・嗜好などを知り，アセスメントに役立てる。

コラム❹　架電支援とコールバック

　アウトリーチ型電話支援のような架電支援の場合，あらかじめ約束して行う電話相談を除いて，電話をしても相手につながらないということは，往々にして起こります。

　相手が留守電設定にしているときには，所属や用件とともに，折り返し電話がほしいのか（コールバック），あらためてこちらからかけ直すのかを，残すようにします。留守電設定にしていない場合でも，着信履歴が残れば，クライエントがコールバックする場合もあります。

　このとき，電話すべてがふさがってしまうと，コールバックがつながらない状況となります。また，回線が空いていたとしても，支援者が一人しかいない場合や，支援者が全員電話をかけている状況では，同様にコールバックを取る人がいなくなってしまいます。

　コールバックの対応があるのは，アウトリーチ型電話支援特有の業務かもしれません。限られた人員や回線で支援を行うことになると思いますが，回線をどう使うのか，コールバック対応者をどのようにするのかをあらかじめ決めておくと，「何度も折り返し電話をしたのに話し中だった」などの苦情を避けることができます。

　また，私たちは用いませんでしたが，電子メールなどを併用すると，より便利かもしれません。たとえば，アポイントなどの事務連絡はメールで行い，実際の相談は電話で行うといった方法です。こうした他の遠隔コミュニケーション・ツールとの組み合わせについても考えていきましょう。

［桃井真帆］

● 文例 ●

「今は何をしておられましたか？」

「最近いいお天気が続いていますけれど，お出かけになったりしますか？」

「お昼ご飯はもうお済みですか？」

「昨日のサッカーの試合はご覧になりました？」

5. 電話の終わり方

　電話の目的を達成すれば，最後に感謝を伝えると同時に，感想を聞いておくとよいと思います。たとえば，「本日はありがとうございました。疲れませんでしたか？」「今日はお話ができてとても良かったと感じていますが，時間は長すぎなかったでしょうか？」などです。次回に役立てることができる情報ですし，こちらの配慮も伝わります。また，相手があまり話をしたくないようであれば，無理に話を続けようとせず，「何か困ったことがあれば○○にご連絡ください」などと伝え，丁寧に電話を終了しましょう。

[桃井真帆]

第 5 章 | メンタルヘルスの評価

　アウトリーチ型電話支援において，対象者のメンタルヘルスの評価は極めて重要です。ただし，メンタルヘルス上の問題といっても，さまざまなものがあります。ここからは，問題別にメンタルヘルスの評価の仕方や，その重要な点をまとめてみたいと思います。肝心なことは，傾聴だけではなく，**きちんと現状を尋ねる**ということです。そのために，既知の**信頼性のある質問紙や構造化面接法**（コラム❺参照）を参考にして，尋ねる項目をチェックリスト化しておくとよいでしょう（巻末の資料2参照）。

コラム❺　信頼性のある質問紙や構造化面接法

　メンタルヘルス領域では，信頼度の高く，かつ簡便な質問紙がすでにいくつかあります。たとえば，うつ病やPTSDのスクリーニングには，PHQ（こころとからだの質問票）やPCL（PTSDチェックリスト）などが有名です。これらのいくつかは，インターネットなどで無料で入手できるものもあります。こうした質問紙の内容を参考にして，尋ねるとよいでしょう。また，あらかじめ尋ね方まで定めたような面接法（構造化面接法）もありますので，それらも参考にできます。ただ，研究ではありませんので，これらを柔軟に使っていきましょう。　　　　　　　　　　　　　　　［前田正治］

1. 抑うつ傾向

　私たちが最も留意しなければならないのが，抑うつ傾向の把握です。なぜなら，この傾向が強ければ，クライエントが**うつ病**（コラム❻参照）である可能性がありますし，最も注意を要する**自殺**（コラム❼参照）の恐れも考えなければならないからです。

　しばしば誤解があることですが，抑うつ傾向があるからといって，皆涙もろくなっている，あるいは意気消沈しているわけではありません。強いうつ状態の場合，むしろ感情が枯渇したような状態，さまざまな感情反応が乏しい状態のほうが目立ちます。そのため，声を聴いただけでは，抑うつ傾向の

コラム❻　うつ病

　うつ病は，憂うつな気分や，興味や関心が湧かなくなることを主な症状とする病気です。うつ病はこうした気持ちの症状だけでなく，「眠れない」「食欲が湧かない」「疲れやすい」といった身体の症状も現れます。多くの場合，たとえ気分が落ち込んだとしても，何か楽しいことがあれば自然に気持ちが晴れていきます。その一方で，うつ病は気持ちや身体の症状が長く続いてしまい，仕事や日常生活に関する困りごとが出てきてしまうことが特徴です。

　うつ病における気持ちの症状としては，何をしても気分が晴れない，それまで好きだったことを楽しむことができない，何をするにもおっくうに感じる，イライラしてじっとしていられない，集中できなくなり決断できなくなる，このまま消えてなくなりたいと思うようになる，などがあります。また，身体の症状としては，ぐっすりと眠ることができない，何を食べてもおいしいと感じなくなる，疲れやすく何をするにも身体がだるい，性に関する関心がなくなる，などがあります。

［佐藤秀樹］

把握は難しいことがままあります（これは面接や診察でも同様です）。

そこで，対象者に最近の状況を尋ねる必要があります。その際，まずは2つのことを尋ねましょう。1つ目は**気分に関すること**，2つ目は**意欲に関すること**です。たとえば「最近，気分が落ち込んでいませんか？」とか，「何をするにもおっくうに感じることはありませんか？」などです。

とくに重要なことが，そのような不調の持続期間です。1，2日そのような状態があってもそれほど心配はありません。ただし，それが数週間も続いているということであれば要注意です。このような状況であれば，やはり睡眠や体重などの身体的なことも確認したうえで，場合によってはもっと深刻

コラム❼　自　殺

　自分自身の身体を意図して傷つけることで実際に死に至ってしまった場合に，その死は自殺と判断されます。自らの意思・選択で命を断ったのだから支援は不要だという俗説は現代では否定されており，自殺者の多くが死ぬ直前まで，死にたい気持ちと生きていたい気持ちの間で葛藤を抱えており，さまざまな要因が重なって，自殺以外に苦しみを取り除く選択肢が見えなくなる状態に追い込まれているのだ，と考えられています。さらに，一度行ったり，自殺念慮を抱いていた人であっても，適切なケアによって自殺を思い留まり，回復することがわかっています。

　自殺に至る背景は個人によって多様であり，体の健康の悪化，困難な経済状況，多重債務，仕事上の失敗，家族との不和など，複数のリスク要因が関係している場合が少なくありません。自殺者の多くは自殺行動をとる直前にうつ状態にあるため，自殺リスクの評価において抑うつ症状の評価は不可欠となります。加えて，自殺についてどれくらい具体的なイメージや計画があるか，自殺願望の強さがどれくらい切迫したものであるのかなど，支援者は傾聴や共感を前提としながらも，自殺について積極的にクライエントに尋ねる必要があります。　　　　　　　　　　　　　　　　　　　　　　[竹林由武]

な事態，たとえば自殺といったことも考えなければならないかもしれません。これについては別の項で述べます。

2. 睡眠障害

　睡眠状態もまた，対象者のメンタルヘルスを評価するうえで，極めて重要な事柄となります。うつ病や **PTSD**（コラム**❽**参照）をはじめ，多くの精神科の病気は，睡眠障害を伴います。しかも，そのほとんどが不眠にまつわる問題です。

　不眠は大きく3つのタイプに分かれます。1つ目は，寝つきが悪くなる**入眠障害**で，最も多いタイプの睡眠障害です。2つ目は，夜間に目が覚めてしまう**中途覚醒**があります。すぐに再入眠できればそれほど心配はいりませんが，なかなかそれができない，あるいは何度も夜中に目が覚めてしまう場合は要注意です。3つ目は，（意図せず）朝早く目が覚めてしまう，**早朝覚醒**という睡眠障害があります。高齢化するとふつうに見られますが，うつ病にも特徴的で，目覚め感が非常に悪い，たとえば「朝早く目が覚めた後，悶々と過ごす」こともよく見られます。

　このような不眠も，それが1日だけであれば，それほど心配することはありません。ただ，それが数日続くようであれば，やはり要注意です。とくにうつ病の場合，不眠があり日中に眠気があるとしても，午睡（昼寝）がなかなかできません。したがって，慢性の睡眠不足状態が続き，それによってますます抑うつ感が強まるといった悪循環に陥ってしまいます。うつ病においては，不眠はほぼ必発の症状と言えます（まれに過眠となるうつ病もあります）。

　また睡眠障害は，その人の日中の行動のパフォーマンスを落とし，メンタルヘルスのみならず，身体的にも大きな影響を与えます。たとえば，睡眠障害と高血圧症，あるいは糖尿病や肥満との関わりは深いものがあります。睡眠障害は万病の元と言えますし，なにより「眠れていますか」と尋ねること

は容易にできるので，電話支援の際には**一度は確かめておきましょう**。よく眠れていることを確認できたとしたら，それは間違いなく安心材料のひとつです。

　また睡眠障害には，いびきや睡眠時の呼吸にまつわる問題（睡眠時無呼吸症），悪夢や睡眠中のおかしな行動（たとえばレム睡眠関連障害），眠りすぎてしまう問題（さまざまなタイプの過眠症）などもありますが，これらについては他の専門書をご参考ください。

　さて，持続的な不眠に対する助言についても，簡単に述べます。対処としてはさまざまな方法がありますが，まずはかかりつけ医に相談することを勧めてください。日本の場合，多くの人は睡眠障害があってもそれを我慢し，かかりつけ医にも相談しない，すなわち睡眠障害を軽視する傾向にあることがわかっています。睡眠障害は，発熱や疼痛と同じく無視すべきでない症状のひとつであることを，しっかりと伝えてください。

コラム❽　PTSD

　PTSD とは，外傷後ストレス障害(posttraumatic stress disorder)の略語です。犯罪や災害・事故のように，その人にとって耐えがたい体験（トラウマ体験）の後，生じてくる可能性のある心身の反応です。たとえば，トラウマ体験の記憶が頭から離れないといった症状（再体験症状）や，いつもびくびくして過剰に反応してしまう（過覚醒症状）などがあります。また，過度に自分を責めたり，悲観的になったり，自他や世界に対する見方が変わってしまうことがよくあります。結果として，うつ病になったり，薬物依存に陥ったりすることも稀ならずあります。

　このような状態，PTSD 症状は，当事者の性格や意思の問題ではなく，誰にでも起こりえます。この，誰にでも起こりうること（ノーマライゼーションといいます）は，心理教育としてきちんと当事者に伝えなければなりません。

[前田正治]

3. いらいら感や怒り

　いらいら感や怒りも，一時的なものであればそれほど心配はいりませんが，それが長く続いている場合には要注意です。たとえばうつ病の場合，気分不良とともに「最近，ちょっとしたことでもいらいらしてしまう」といった訴えはとても多いです。とくに就労者の場合，落ち込んだ気持ちよりも，このようないらいら感のほうを強く訴える方も少なくありません。

　また，このような持続するいらいら感は，しばしば集中力の低下や睡眠障害とともに現れます。うつ病や，PTSDなどのトラウマ反応に特徴的であるとともに，衝動性が高まっている場合は過度の飲酒に走ったり，場合によっては自分を傷つけるような行動に及ぶ場合もあります。その際には，次項の「死にたい気持ち（自殺念慮）」を確認するようにしてください。

4. 死にたい気持ち（自殺念慮）

　上記の「抑うつ傾向」「睡眠障害」「いらいら感や怒り」があるときには，この死にたい気持ち，すなわち自殺念慮（希死念慮ということもあります）を確認するようにしてください。難しいのは，この自殺念慮は**通常相手から語られない**ことです。傾聴だけでは，なかなかこの気持ちをつかむことは難しいので，少しでもこれが疑われたらきちんと尋ねなければなりません。

　尋ね方のコツは，第8章（危機時の介入）で詳しく述べますが，このような事態をまず疑うことが大切です。なぜならば，他の問題については把握できなくても，この点を評価できなかった場合には，重大な結末を迎えるかもしれないからです。不思議なことに，**きちんと尋ねる**と，ほとんどの人は正直に答えてくれます。また，尋ねた結果，それが杞憂に終わったとしても，それは相手を傷つけることにはなりません。疑われるときは積極的に尋ねましょう。

5. アルコールにまつわる問題

　メンタルヘルスと関連が非常に深い問題として，不適切な飲酒（アルコール使用障害）があります。飲酒量もさることながら，その結果どのような**生活上の，あるいは職業上・対人関係上の問題**が生じたかを尋ねることが重要です。たとえば「お酒を飲みすぎて翌日失敗したと思うことが多いですか」とか「他の人からお酒をやめなさいと言われたことがありますか」などです。

　問題飲酒は，肝機能障害などの身体的問題はもちろんのこと，メンタル面でも大きな影響を及ぼします。たとえば**うつ病**や**自殺**です。とくに，飲酒は衝動性を高めるので，自殺などの深刻な衝動行為もまた引き出してしまいますし，**飲酒運転**や**家族内暴力（DV）**にも関連します。電話支援においても，尋ねておきたい重要な事柄となります。

　また，睡眠障害，とくに入眠障害の対処として飲酒を行っている場合も要注意です。この場合は，アルコール性不眠症といった別のやっかいな問題を引き起こしてしまいます。したがって，お酒を飲まなければ眠れないようであれば，なるべく早くかかりつけ医や専門医に相談するように助言してください。

6. その他の問題

　メンタルヘルスと身体的問題とは不可分に結びついているので，**身体的な訴え**もよく聞きましょう。たとえばうつ病などで多い訴えは，頭痛や肩こり，腹痛といった疼痛に関わる問題，また下痢や便秘といった消化器系の問題です。このような身体的問題は，しばしばその背景に，メンタルヘルス上の問題が潜んでいる場合が多いです。また，このような訴えがあれば，どのようにしてそれを解決しようとしているかも尋ねてみてください。きちんと医師の治療を受けているのか，あるいは他の方法を用いているのかなどで

> ## コラム❾　悲嘆反応
>
> 　大切な人や物を失うことを「喪失（loss）」といいますが，その代表例は死別です。愛する人との死別の後には，「グリーフ（悲嘆）」と呼ばれる悲しみの反応が現れ，絶望感や寂しさ，後悔や自責感などの感情体験や，食欲低下や倦怠感といった体の反応を伴うことがあります。
>
> 　悲嘆反応は通常，時間の経過とともに少しずつ和らいでいきます。一方，故人との関係性が強いほど，強い反応が長期にわたって続く場合があります。グリーフは，失った対象への愛着の深さに関係しており，悲しみの現れ方もそれが癒えるまでの長さも，人によって異なります。
>
> 　重大な死別の直後は，多くの遺族は人づきあいのエネルギーが残っていません。最初は，家に引きこもり，悲しみにくれる遺族が多くいます。そのような時期を経ながら，自分なりの「喪の作業（mourning work）」を行い，遺族は自分の心を少しずつ整理していきます。
>
> 　喪の作業のひとつが，「信頼できる人と話をする」ことです。自分の気持ちや亡くした人との思い出を，信頼できる人に聞いてもらうことで，つらい気持ちが少しずつ変わることがあります。一方，話す相手やタイミングは，遺族自身が決めることが大事です。支援の押し売りにならないように気をつけましょう。
>
> [瀬藤乃理子]

す。これを尋ねることで，本人の助けを求める能力，ヘルプ・シーキング・スキルの有無を確認することができます。

　上記のようなさまざまな心身の問題があっても，ひとまず誰か専門家に相談しているのであれば，まずは安心です。しかしながら，そうでない場合はその理由を尋ねましょう。困っていても，いったい誰に相談していいのか，あるいはどのようにして相談していいのかがわからない，という場合も少なくありません（私たちの調査では，こうした身体的問題のほうが助言に従いやすいようです）。

　経済的な問題を含めた生活上のさまざまな問題もまた，メンタルヘルスと深く関わっています。貧困や失職，離別，転居などの出来事（**ライフイベント**）は，その人にとって重大なストレスを招くばかりか，上述したうつ病や**悲嘆反応**（コラム❾参照）を引き起こす大きな要因となりますので，しっかりと把握しておきましょう。そして，こうした出来事にさらされている人は，健康上のリスクも背負っていることを念頭に置きましょう。

［前田正治］

第 6 章 必要とされる技法や態度
——傾聴と支持，助言

　アウトリーチ型電話支援をするうえで対面支援と最も異なることは，相手の状態や心情を知るのに大きな情報量をもつ，「表情」の読み取りができないという点です。そのため，支援者はやりにくいと感じますが，同様に電話先のクライエントも支援者の表情が見えないことで，不安や緊張をもちやすいのです。見えない表情を補うためにも，対面式面接よりも自分や相手の声の調子にはとくに気を配る必要があります。

1. 声の調子やスピード

(1) 声のトーンは少し抑えて低めに
　高いトーンは，「元気さ」「明るさ」「親しみ」を伝えますが，一方で「頼りない」「軽々しい」「騒々しい」と受け取られるデメリットがあります。さらに，甲高い声になると，相手を緊張させたり不信感を抱かせたりすることもあります。ふだんよりもゆったりとした，少し抑えた低めのトーンは，「安定感」「信頼感」「思慮深さ」などを伝え，相手の警戒心を解くことにつながります。
　そのためにも，支援者もまたリラックスする必要があります。自らのリラクセーションに気を配って，電話をかける（架電）前に呼吸を整えて，ふだんよりもゆっくりと語りましょう。

■■（2）声の大きさは隣にいる人に話しかけるぐらいに

　小さい声は聞き取りにくいうえに，自信なく聞こえてしまいます。また，大きすぎる声も，音割れの原因になったり，威圧感を与えたりすることになります。おおむね，隣にいる人に話しかけるぐらいの声の大きさを意識して，会話しましょう。

■■（3）話すスピードはハッキリ・ゆっくりと

　話すスピードは，話を間違いなく伝えるうえで大変重要です。せかせかとした話し方は，相手の心拍数を上げ不安をあおります。単に聞きづらいだけでなく，不信感を抱かせることにもなります。ハッキリと発声し，ゆっくりと話すことで，地声のトーンの高さ低さの特徴を補い，聞こえやすい発声となります。

■■（4）抑揚も意識する（オーバーリアクション気味がよい）

　言葉の始まり（立ち上がり）がしっかり聞こえるように，力を入れて発音すると聞こえやすくなります。また，支援者の感情や反応が伝わるように，わざとらしくならない程度に，ふだんよりも言葉に感情をのせて話してみましょう。抑揚をつけた話し方を意識することで，電話だけでも感情を伝えることができます。

■■（5）表情や姿勢を変えることで柔らかい声が出る

　電話なので相手から表情は見えませんが，実際に笑顔を作れば柔らかい声になり，前かがみの姿勢になれば積極的な声になるなど，感情や状況に合わせた表情や姿勢にすることで，発声を変えることができます。相手からは見えない表情や姿勢にも，気を配りましょう。

■■（6）対面式面接との共通点

　こうした配慮を考えていくと，実は電話にせよ，対面にせよ，面接技術は

それほど変わりがないことがわかります。慣れた支援者であれば，以上のような，あるいはこれから述べるような工夫はそれほど困難なことではないでしょう。対面式と電話支援では共通点がとても多いということです。換言すれば，電話でもコミュニケーションが取りづらいクライエントは，対面式面接でも同じくコミュニケーションを取りづらいと考えてもかまいません。

2. 責任感・緊張感のある対話を作り出す

　電話支援は顔が見えないために，信頼関係の構築に困難がある一方で，親しくなると急速に親密感が増す傾向があります。これは，電話が「口」「耳」への直接的なコミュニケーションであること，顔が見えにくいためにファンタジーを作りやすいこと，などによるものと考えられます。

　対象者との適切な心理的距離を取るために，いかにして「責任感のある対話」や「緊張感のある対話」を作り出していくかが大切です。

■ (1) 相手の呼び方

　たとえば，「福島太郎」という方を何とお呼びしますか。福島様，福島さん，福島くん，太郎さん，太郎くん，太郎ちゃん……，相手との関係によってさまざま考えられますが，適度な緊張感をもった関係を作るには，距離感を詰めすぎない工夫も必要です。

　どんなに相手と親しくても，また年齢が下であっても，支援関係にあるならば，苗字の「福島様」「福島さん」が一般的には適切と言えます。

■ (2) あいづちや受け答えは丁寧に

　親しみが増すにつれ，相手もくだけた応答になってくるかもしれません。支援者もそれにつられた応答になってしまうことがありますが，あくまで受け答えは丁寧に，「はい」「ええ」「そうですね」などで返し，友だちのような会話にならないよう気をつけましょう。

■(3)　時間の枠組みを作る

　電話支援において設定可能な枠組みは，「時間」です。長い時間をかけて
話を聞くことが，必ずしも良い支援につながるわけではありません。適切な
支援時間は，支援内容によりますが，長くてもおおむね１時間以内ではない
でしょうか。人が相手の話を真剣に聴ける時間の目安は50分程度と考え，そ
のなかで支援を組み立てる必要があります。逆に，電話の目的によっては，
早々に終了してもまったく問題はありません。面談よりはかなりフレキシブ
ルなのが電話の特徴と言えるので，それをうまく生かしましょう。

■(4)　チームで支援している意識をもつ

　電話支援の担当は自分であっても，常に組織として，チームとして支援を
実施しているという意識をもって支援を行いましょう。対象者にも，この電
話はあくまでチームや組織として行っており，解決困難な場合には同職者な
ど，職場のチームで解決に当たるということを知らせておくことも大切で
す。

3.　電話支援の流れ

■(1)　状況の確認

　ホットライン形式の電話支援ではまず主訴の確認が必要ですが，アウト
リーチ型電話支援は，支援者側から対象者に状況の聴き取りを行います。聴
取すべき項目はあらかじめリストにしておき，聞き落としがないように努め
ます。この状況確認は，トリアージやアセスメントのための材料となりま
す。

■ (2) メンタルヘルスのアセスメントと介入方法の組み立て

すでに述べたように，アセスメントのためには，支援者は積極的に「質問する」ことが必要です。とくに初回は早期の危機介入の有無を判断しなければならず，あらかじめ用意された質問リストから必要事項を聴き取っていきます。聴き取りの際には，いきなり精神的不調を尋ねるよりは，身体面の不調について尋ねるほうが，相手は答えやすいようです。身体症状のうち，食欲や睡眠については答えやすく，かつ精神的不調を判断する指標にもなりますので，積極的に質問するとよいでしょう。

情報を聴き取りながらアセスメントを行い，アセスメントをもとにふさわしい介入方法を組み立てます。介入の道筋をあらかじめリスト化しておくと，判断の迷いが少なくなります。

● 尋ねるべき項目 ●

- 身体的症状（頭痛，腹痛，胃痛，食欲，不眠など）
- 精神的症状（抑うつ感，焦燥感，イライラ，自殺願望など）
- 生活上の問題（アルコール摂取，他者との関わり，仕事ができているかなど）
- ライフイベント（親しい人との離別・死別，転居，昇進・進学など，大きな環境の変化など）

※巻末の資料２も参照してください。

■ (3) 感情面の受け止め

アセスメントは情報収集ではありますが，事情聴取のように一方的なものになってしまっては，信頼関係が作られないだけでなく，聴取する情報も表面的なものになってしまいます。「つらい」「困っている」「イヤになった」など，語られる「感情」の言葉を敏感にキャッチし，「それはつらかったですね」「よく我慢されましたね」と言葉にして返すようにします。ここでは，アセスメントに必要な質問をしながらも，感情面に寄り添って感情を言

葉として返していくことが大切になります。具体的な方法は，次の技法のところで説明します。

■ **(4) 場合によってはいったん電話を切る**

コミュニケーションがとりづらくなったり，あるいは難しい質問がクライエントから寄せられたような場合は，無理して電話を続けるよりは，いったん電話を打ち切り，あらためて電話をすることも積極的に考えましょう。たとえば，「私一人ではお答えいたしかねますので，チームで相談してあらためてかけ直します」といったような説明で，いったん対話を終了することも大切です。このようなことが比較的行いやすいのも，電話介入の特徴です。

■ **(5) より積極的な介入**

心理的介入の種類は，電話支援の目的に合わせていろいろあると考えられますが，電話支援の特性を考えると比較的向いている積極的な介入方法は，情報提供・助言，他の支援リソースへの紹介（リファー），心理教育的なアプローチなどでしょう。いずれにせよ，受電サービスよりはアウトリーチ型電話支援のほうが，介入技法としては積極的な場合が多いでしょう。可能であれば，**認知行動療法的なアプローチ**（コラム❿参照）も試みてみましょう。

● 情報提供・助言 ●

緊急時のアウトリーチ型電話支援では，感情の受け止めを目的としない場合や，傾聴だけでは解決できない問題が多々あります。たとえば，さまざまな公的制度の利用や経済的困窮の相談，パワーハラスメントなど労務にまつわる問題，訴訟や財産トラブル，離婚調停，賠償問題などの法律的な事項，DV（ドメスティック・バイオレンス）や虐待などの事例では，具体的資源の紹介が必要となります。

専門的な相談窓口は，既存の資源として数多く開設されていますが，情緒的に混乱したときはどこに相談してよいのかわからない，探せない，決めら

コラム❿　認知行動療法的なアプローチ

　可能であれば，具体的な行動変容を促すようなアプローチを試みましょう。ソーシャル・スキル・アプローチ（SST），アサーション・トレーニング，アンガー・マネージメント，ストレス・マネージメント，コーチング，動機づけ面接法などの認知行動療法的アプローチからヒントを得て，それらを簡便化したやり方は電話支援でも有効です。たとえば，相手の行動変化を褒め強化するなど，ポジティブ・フィードバックやリラクセーション，モデリングなどは，電話のなかでも用いることができます。詳細はそれぞれの専門書に譲るとして，相談時間をある程度まとまって取れる場合には，こうした技法やそのエッセンスの導入も考えてみてください。　　　[桃井真帆]

れない，という無力的状況に陥ってしまいます。問題の本質がどこにあるのかを見極め，適切な相談窓口や資源情報，使える制度などについて情報を提供することは，電話支援の大切な役割と言えます。そのためにも，情報提供できるような多様なリソースをあらかじめ把握しておくことが必要となりま

図6-1　資源情報リストを用いた支援風景

す（図6-1参照）。

● リファー（他の支援リソースへのつなぎ）●

　自分では十分な支援ができないと判断した場合は，他の支援リソースにつながなくてはなりません。トリアージ的な意味をもつ電話支援では，抱え込みすぎず，いかに適切なリソースにつなぐかが，支援の鍵でもあります。リファーについては，第7章で詳しく説明します。

4. 電話で話を聴くために有用な技法

　話を聴くための技法は，いわゆる傾聴やカウンセリングの基本的な姿勢や技法と，大きく変わるものではありません。ここではそれらの技法のうち，電話支援にとくに役立つ技法や，電話支援ならではのアレンジについて述べます。

(1) タイミングの良いあいづちと促し

　対面では，声を出さなくてもうなずくことで，「あなたの話を聞いていますよ」「温かく受け止めていますよ」というメッセージを示すことができますが，電話支援では声に出すあいづちが必要となります。

● 傾聴を示すあいづち ●

　「うんうん」「うーん」「はい」「そうですか」「なるほど」「ほおー」など。

● 相手の言葉を促すあいづち ●

　「それでどうなりましたか？」「どうぞ続けてください」「詳しく教えてください」など。

　また，あいづちのタイミングも重要になります。傾聴のあいづちは，頻繁

であれば相手の話をさえぎることになりますので，相手の言葉の切れ目に合わせるように，適度な回数を心がけましょう。また，促しのあいづちは，相手が一呼吸おいたタイミングで，こちらも一呼吸おいてから合いの手を入れると，急かされている印象になりません。

■(2) 繰り返し

　相手の言葉と同じ言葉を繰り返し，「あなたの言っていることをちゃんと理解しました」というメッセージを伝えます。慣れないころは，相手の言葉そのものを繰り返す「オウム返し」的になってしまいますが，それだけでも効果はあります。慣れてきたら，相手の言った言葉のなかから重要だと思われる言葉を抜き出して返してみましょう。話のどの部分を繰り返すかで，その後の会話を誘導することも可能です。

●「繰り返し」の例 ●

　話し手：そうしたらね，急に一緒に行ってくれないかって言われて。
　聞き手：え，急に？
　話し手：そう。でも，嫌だって言いにくいじゃないですか。
　聞き手：ああ，言いにくいですね。
　話し手：だから，困ってしまって。
　聞き手：それは困りますよね。

■(3) 明確化と言い換え

　相手の言いたいことの要点を短く言葉にして表す言い換えをして，より明確な言葉にして返す技法です。一般化した言葉に変換して，相手の話をまとめて，事実や感情を明確にする役割があります（コラム⓫参照）。

●「明確化」「言い換え」の例 ●

　話し手：あんな言われ方したら，どうしていいのかわからなくなってしまいました……。

聞き手：理不尽な言われ方をして，戸惑ってしまったんですね。

■ (4) 感情面を受け止め，言葉にして返す

　話し手が感情を表現しているときには，事実だけでなく，感情に注目して聴くようにしましょう。受け止めた感情は，言葉にして返すようにします。

●「感情の受け止め」の例 ●

話し手：（暗い表情で）絶対手に入ると思って買いに行ったんですけど，1つも売ってなかったんですよ。もう，ガッカリしちゃって。

聞き手①：なるほど，売ってなかったんですね。【事実を焦点化した返し方】

聞き手②：そうですか，期待が大きかっただけに，とても残念な気持ちになったんですね。【気持ちを焦点化した返し方】

■ (5) 客観的理解と主観的理解に注意して聴く

　人がとらえた「事実」は，客観的理解と主観的理解で構成されています。

コラム⓫　「音」では伝わりにくい言葉は言い換える

　文字で見ればわかるのに，音で聴くとわかりにくい言葉があります。たとえば，「心身」は，文字を見るとすぐに意味が伝わりますが，「シンシン」と音になると，文字や意味が結びつきにくいのです。このような言葉は，電話支援では「こころや体」と言い換えたほうが伝わりやすくなります。

● 言い換えの例 ●

昼食（チュウショク）→ お昼ごはん

自動車（ジドウシャ）→ 車

八日（ヨウカ）→ はちにち

二十日（ハツカ）→ にじゅうにち　　　　　　　　　　　[桃井真帆]

客観的理解とは，誰が見ても変わらないありのままの事実（外的現実）をとらえようとすることで，主観的理解とは，それを経験した本人の視点や感じ方によって見えている事実（内的現実）です。

　事実には，その人なりの認知や解釈が折り込まれています。客観的理解による事実と，主観的理解による事実とのギャップにこそ，その人なりの悩みや苦しみが表れていることが多いのです。例で示すように，適切な質問を繰り返しながら，これらを振り分けて聞くことが大切です。また，客観的事実を伝えていても，声の調子などで**メタメッセージ**（コラム❷参照）として，主観的事実を伝えている場合も多く，そのときには後者をくみ取る必要があります。

●「客観的理解」と「主観的理解」の例 ●

客観的理解：朝，友人に挨拶したが，返事が返ってこなかった。

主観的理解：朝，友人に挨拶したが，無視されて悲しい。

コラム❷　メタメッセージ

　メタメッセージとは，あることを伝えるときに別の文脈に由来するメッセージを追加することで，日常会話でも頻繁に見られます。たとえば，「成功してよかったですね」という言語的メッセージを伝える際に，口調などから「それは面白くないことだ」というメッセージをかぶせることもあれば，「それは素晴らしいことだ」というメッセージをかぶせることもあります。このようなメタメッセージのかぶせ方の違いで，コミュニケーションの意味合いがまったく異なってきます。

　また，メッセージとメタメッセージとの乖離が激しくなれば，コミュニケーションは混乱しやすくなります。どちらのメッセージを重視するかというよりも，そのような乖離が生まれた背景や心情を察することのほうが，より共感的なアプローチになります。　　　　　　　　　　　［前田正治］

　この例の場合，なぜ「無視」と思ったのか，なぜ悲しかったのか，と考えることにより，対象者の考え方の特徴，置かれている立場，友人に対する思いなどを推測することができます。

■ (6) 共感と支持のメッセージを伝える

　共感や支持のメッセージは，表情で伝えることはできないので，はっきりと言葉にして伝える必要があります。

　共感を伝えることは，相手に対する承認を示し，冷静さや自分に対する自信を取り戻したりする効果，**自己効力感**（コラム⓭参照）を高める効果があります。また，適度な支持は話を促すのに役立ちます。さらに，クライエントの努力や工夫を取り上げて支持することは，その行動を強化することにもつながります。

■ (7) 質問はシンプルなほうが答えやすい

　質問の仕方には大きく2つのタイプがあります。1つは**開かれた質問**で，「どのようなお気持ちですか？」というふうに，答える幅を大きくします。

> ### コラム⓭　自己効力感
> 　自己効力感とは，自分がしたいこと，すべきことを自分の力でできる，あるいは事態をコントロールできるという感覚です。わかりやすく言えば，「努力すれば乗り越えられる」という自信や予想であり，この感覚は生活を営み，困難な出来事に立ち向かっていくうえで不可欠です。大きなトラウマを経験したり，ストレスにさらされ続けたり，疲れ切っている状態が長く続くと，自己効力感は大幅に損なわれてしまいます。その結果，何をやっても無駄だといった無力感（学習性無力：コラム㉗参照）に陥ってしまい，燃え尽きや，うつ病の大きな要因となります。自己効力感をいかに保つかは，困難に直面した人々を支援する際の重要なテーマになります。　[前田正治]

もう1つは**閉じられた質問**で，「今のお気持ちはAとBとどちらでしょうか？」「昨日は眠れましたか？」というふうに，答える選択肢を限ります。開かれた質問は，より傾聴的な，あるいは共感的な質問方法であり，クライエントとの関係づくりに適しています。一方，後者の閉じられた質問は，事態の把握や確認の際には有効で，アセスメントの際には不可欠となります。

　どちらにも一長一短がありますが，両者はなるべく意識して使い分けましょう。いずれにせよ，電話支援でより大切にしたいことは，短くシンプルに質問するという点です。長い説明を含んだり，質問文の中に2つ以上の問いが含まれていたりすると，相手は何を求められているのかわからなくなります。

　一方で，「どうですか？」など，あまりに短い質問も答えにくく，「別に……」と警戒的でそっけない回答を誘ってしまうことになりかねません。時間，人，場所などを明確にして質問の範囲を絞り込むと，答えやすい質問になります。

● 質問の例 ●

　長い質問：体調についてなんですけれども，眠れなくて頭痛がするようなことは続いているのかですとか，午後から気持ちが沈んでしまうと言っていたようなことは，その後どうかとか，いろいろと不調があればおうかがいしたいんですけれども……

　短かすぎる質問：調子はどうですか？

　シンプルな質問：前回お電話したときは眠れないとおっしゃっていましたが，この1週間の睡眠の状況はいかがでしたか？

　質問が返ってきた場合は，必ず支援者の感想を返しましょう。このレスポンス，フィードバックはとても重要で，クライエントとの関係づくりには欠かせないものです。閉じられた質問が重要となるアセスメントにしても同様で，自分がどのようにアセスメントしたかを，きちんとクライエントに伝えるべきでしょう。

［桃井真帆・前田正治］

第 7 章 | リファー（他機関への紹介）の技術

　電話支援の枠では十分なケアができないと判断した場合は、より専門性の高い他の支援リソース（資源）につなぐ必要があります。たとえば、医療機関や行政機関、福祉・司法関連機関などです。また、災害時などでトリアージ的な意味をもつ電話支援ならば、アセスメントの結果、クライエントを適切な支援リソースにつなぐことは重要な役割となります。

1. リファーとは

　リファー（紹介）とは、問題解決のために適切な専門機関や専門家を紹介することです。支援を実施しているなかで、電話支援では対象者の問題が十分な解決に至らない場合、専門機関や専門家と連携をとりながら、対象者の問題解決を図っていく必要があります。リファーの必要性や、どのリソースを活用するかについては、支援者の判断によるところが大きいため、支援チーム内で情報共有やカンファレンスを実施し、検討できるとよいでしょう。

2. どのようなリファー先が必要か

　リファー先を考えるうえで理解しておかなければならないのが、自分たちの支援目的は何か、どんな支援ができるのか、といったことです。たとえば電話支援は、離れたクライエントとも電話を用いて話ができ、状況を確認で

きるという利点がある反面，直接顔を合わせる支援は行えません。そのため，直接支援が可能な機関との連携は必須です。

　とくに，緊急時にあらかじめ連携している機関があることは，非常に心強いものです。事前にアウトリーチ型電話支援の目的などについて共有し，どういったケースを申し送ることができるのか，両機関ですり合わせておくとよいでしょう。

　その他，クライエントから寄せられる相談内容を予想しておき，考えられるリファー先機関をリスト化しておきましょう。具体的には，医療機関，保健所，精神保健福祉センター，児童相談所，警察，法テラス，犯罪被害者支援センターなどのようなリファー先が考えられます。これらを表にまとめて，手元に置いておくとよいでしょう（巻末の資料3参照）。

3. リファー先への情報提供

　多くの場合，（クライエントの主体性を重んじるという意味でも）リファー先をクライエントに紹介する以上のことは，不要と思います。しかし，もしクライエントの個人情報をリファー先に伝える必要が生じた場合には，**必ずクライエントの承諾を取っておく必要があります**。クライエントが望んだり，あるいは緊急性が高い場合などです。その場合でも，基本的にはクライエント自身で紹介先にアクセスしてもらうことになります。ただし，自殺などの恐れがひっ迫した場合などは，警察など，守秘義務が課せられている施設に，クライエントの承諾なしに連絡する場合もあるかもしれません。

　リファー先に情報提供するにあたり，重要なことは，リファーの目的を明確にすることです。目的とは，リファー先にどのような支援を望み，情報提供するのかということです。リファーの目的として考えられることとしては，訪問して状況を確認することや，専門的な立場から助言をしてほしいなどが考えられます。

　リファーするクライエントの情報は，住所，連絡先，性別，年齢などの基

本情報のほか，精神健康を測る尺度，受診状況や睡眠の問題，飲酒や喫煙の状況などがあるでしょう。それに，電話支援で聴き取った情報のうち，重要なものを加えていきます。とくに，リファー先に支援を求める根拠となったことと，たとえば自殺願望がある，○○に関する情報提供を求めている，○○の症状の訴えが強いなどは，リファー先の支援を行いやすくするために必須です。

　また，トラブルを避けるためにも，どのようなことを伝えたのか，細かな記録として残しておく必要があります。可能であれば，書面によるリファーのほうがより安全でしょう。そしてクライエントにも，どのようなことを伝えるのか，事前にきちんと合意を取っておいたほうがよいでしょう。

　上述のように，緊急時を除き，本人に承諾を得てリファーを行いますが，本人が快諾しているのか，ためらいつつも承諾したのか，迷っているところなのかについても，あわせてリファー先に伝えておくとよいでしょう。

4. リファー後は経過を確認する

　リファーをしたら，可能ならばリファー先の対応経過を確認しましょう。リファー先に支援を引き継いだところで，送る側の支援は終了するわけではありません。場合によっては，引き続きクライエントの支援を続けることもあるでしょう。リファー先の対応経過を知ることで，クライエントの問題解決に向けてどのような支援が必要か，あらためて明らかになることもあります。

　クライエントを取り巻く多くのリソースが連携して支援すること，各リソースがそれぞれの長所を生かし，苦手な部分を補い合う関係を維持することが望まれます。アウトリーチ型電話支援の成功は，こうした連携の成否にかかっていると言っても過言ではないでしょう。

[及川祐一・桃井真帆]

第 **8** 章　危機時の介入

　電話支援時において最も大切なことで，かつ難しいことのひとつが，この危機時の対応です。メンタルヘルスの領域における危機とはいったい何かを考えたときに，まず念頭に置かなければならないのは，自殺の発生リスクです。したがって，ここでは主として，自殺の恐れがある人に対する危機介入について述べます（自殺以外の危機対応については，コラム⓮を参照）。

1. 危機時の査定

　まず，クライエントが危機事態にあるかどうかを，きちんと評価・査定し

> ### コラム⓮　さまざまな危機支援
>
> 　支援組織によっては，自殺以外にも危機支援場面が発生します。たとえば，家族内暴力（DV）や虐待の発生です。このような場合に大切なことは，クライエントが現在，**安全な場所**をきちんと確保できているかどうかです。DV であれば，被害者が避難経路やシェルターなど，避難場所を確保しているかどうかの確認が非常に大切です。
>
> 　こうした対象者に対応する可能性がある場合には，あらかじめ**児童虐待防止法**や**配偶者暴力防止法**などの法律も，知っておかなければなりません。児童虐待防止法のように，法令として国民の通告義務が定められている場合，状況が該当すれば速やかに関係機関に通告しなければなりません（その場合には，必ずしも当事者の同意を取る必要はありません）。　　　　［前田正治］

なければなりません。危機介入がうまくいくかどうかは，ほとんどこれで決まります。それほど，アウトリーチ型電話支援におけるリスク査定は重要です。第5章の1で説明した「抑うつ傾向」があるかどうか，あるとすればどの程度かを確認することが大切です。この持続する抑うつ状態の確認から，自殺リスク査定に移りますが，この流れを図8-1にまとめました。

　持続する抑うつ傾向に加えて，図にあるように，**過去の自殺企図，睡眠障害**や**過度の飲酒**，犯罪被害や死別などの**重大なトラウマや悲嘆，身体的あるいは経済的問題**が重なっていると，自殺リスクはいっそう高まっていくことがわかっています。したがって，あらかじめそうした状況も確認しておいたほうがよいでしょう。

　リスクを疑った場合，すぐに自殺念慮を尋ねてもよいですが，もしそれがためらわれる場合には，まず**絶望感や無力感**を尋ねてください。「将来に見通しや希望がもてませんか？」とか，「自分や将来に絶望していますか？」「何をしても無駄だと思いますか？」などです。

　この気持ちが明瞭にある場合には，ためらわずに自殺念慮を尋ねなければなりません。「生きている意味がないと思いますか？」「死にたいと思います

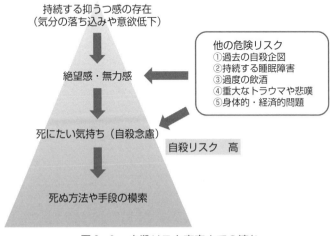

図8-1　自殺リスク査定までの流れ

か？」などです。そして，その頻度についても尋ねてみてください。「週に何回くらいそう思いますか？」「最後にそう感じたのはいつですか？」などです。

　もし，こうした自殺念慮が確認できれば，必ず**具体的な手段や方法**を考えているかについても確認してください。「どのような方法で死ぬことを考えていますか？」「最近，死ぬ方法をインターネットなどで調べたことがありますか？」などです。これらを尋ねることで，自殺手段はもとより，危機がどのくらい切迫しているかのリスク査定ができます。

2．基本的なスタンス

　自殺のリスクが高いことがわかったら，危機対応モードに切り替えましょう。傾聴しつつも，（時間をかけてでも）積極的な助言や説得が必要です。電話支援だけでは限界もあるため，他のリソースと協働していくことも常に念頭に置きましょう。

　具体的にはまず，次のことを確認しましょう。

■（1）相談先の有無
　他に相談している人や医療機関，施設などがあるか，すぐに相談する予定があるか，などは必ず確認してください。

■（2）自殺しないことを約束できるか
　自殺しないことを約束してもらう前に，まずは「自殺しないと約束できますか？」と尋ねてみましょう。

　以上の確認は，クライエントがどのくらい孤立しているか，あるいはどのくらい危機の瀬戸際にあるかを知るうえで，非常に重要な事柄となります。

3. 助言，説得，紹介など

　自分が危機的な状況であると感じていないクライエントも，少なくありません。ある種の危機感の麻痺のような状況に陥っていることも多いため，**心理教育的なアプローチ**（コラム❺参照）が必要となります。そして，説明や説得の内容もさることながら，真剣に，真摯に語りかけることが重要です。「絶対に死んではなりません」ということを，繰り返し，繰り返し，伝える必要があります。そうした真剣な態度は，必ず相手に通じるものです。

　ただ，電話支援のみでは限界があります。詳しくは，第 7 章「リファー（他機関への紹介）の技術」を参照してほしいのですが，どこにもアクセスしていないのであれば，専門医療機関を受診するなど，他機関での支援や治療を必ず受けるよう，強く促してください。

コラム❺　心理教育

　心理教育とは，病気や問題行動，その対処法などについてクライエントにわかりやすく伝え，それらの理解を促し，適切な対応をとれるよう援助することです。ただし，危機対応においては，細かいことをあれこれ伝えることよりも，「今，必要なことをひとつだけ言えば……」「今，私がお伝えしたい最も大切なことは……」など，焦点を絞って伝えるほうがよいでしょう。これを，クライシス・コミュニケーションと呼ぶこともあります。

　心理教育は，当事者に対して行うだけでなく，家族など有力な支援者に対して行うこともあります。たとえば，家族がクライエントのそばにいる場合には，電話を替わってもらって，家族に対しても簡単な心理教育を行い，危機回避に協力してもらうこともあります。

　このように，心理教育を通して，危機リスクを回避するためのネットワークを作ることが大切です。　　　　　　　　　　　　　　　　［前田正治］

　ちなみに，現在医療機関に通院中であるとしても，安心しないでください。わが国における調査では，専門医療機関に通院中に自殺を企図する患者さんが少なくないこともわかっています。多くは，自殺念慮をきちんと主治医に伝えていないことが理由と考えられます。主治医に現在の気持ちをきちんと伝えるように助言してください。また可能であれば，そうした治療機関にこちらから連絡することも考えてみましょう。

　自殺の恐れが非常に切迫しているときには，警察に連絡し，至急の介入を依頼することも念頭に置きましょう。

[前田正治]

第 9 章　電話支援の終結へ向けて

　電話支援の終結をどう考えるかは，その支援目的によって異なります。ア
ウトリーチ型電話支援においては，アセスメントやトリアージを主たる目的
とした架電も少なくなく，このような場合は終結という考えがそもそも当て
はまりません。したがってここでは，ある程度支援の目的が明確で，かつ介
入性が高い支援を念頭に置いて，終結に向けた相談の仕方を述べてみます。

1. 過去の対処方略の検討

　クライエントは，困難のなかにあっても，これまでになんとか本人なりの
対処方略で危機場面を乗り越えたり，だましだましではあっても危機をやり
過ごしたりしているものです。それらの対処方略は，クライエントのなかに
ある大切なリソースのひとつ，ストレングスと言うべきものです。丁寧に傾
聴するなかでクライエントの対処方略を明らかにし，うまく使われている対
処方略や，そのスキル（コーピング・スキル）は，積極的に支持し，評価し
ます。

　たとえ，あまりうまくない方略やスキルだとしても，自らそうした努力を
してきた姿勢については共感しましょう。そのうえで，うまくない方略への
こだわりを捨てて，新しい，かつ本人が実行可能な対処方略を，クライエン
トとともに探っていきます。

　対処方略については，「そのようなときには，いつもどう対処しているの
ですか？」と尋ねることで，引き出すことができます。本人が実行不可能と
感じる方略をいくつ並べても役に立ちませんので，クライエントが具体的に

「やれそう」「やってみる」と考えられるところまで，サポートすることが大切です。したがって，「うまく人と付き合ってください」というような抽象的な助言よりも，より具体的な対処方略とその選択肢を，ともに考えてみましょう。

2. ソーシャルサポートの活用

　その人のソーシャルサポート，たとえば家族であったり，友人であったり，会社の同僚，部活動の顧問の先生などの身近なインフォーマルな相談相手や，通院先の医師，保健師，ソーシャルワーカー，相談機関などのすでに活用しているフォーマルなリソースを探ります。多くのクライエントは，（意識していなくとも）身近なリソースを活用して危機に対応し，それらのリソースから助けを得ています。逆にその存在に気づかず，うまく活用できていないこともあります。対人関係やすでに関わっている支援機関や専門職者などを丁寧に聴き取り，今までに有効だったリソースを整理し，困難時の活用を促します。

　また，クライエント本人から支援を求めることができない場合でも，何らかのかたちで見守りができているかどうかは，支援を終了できるかどうかを決める重要な要素です。まったく見守りがなく，インフォーマルなリソースの活用もできていない場合は，支援機関の紹介やリファーなど積極的な対応が求められます（第7章参照）。

3. リソースの紹介

　第7章と重複しますが，他のリソースに紹介することによって，支援を終了することも少なくありません。ただ，他の支援リソースにつなぐ前には，クライエントの話を十分に聞くことが必要です。支援者との信頼関係の構築

がうまくいっていないと，他のリソースへのつなぎもうまくいかず，ややもすると，たらい回しのようになってしまうからです。クライエントに，自分の悩みが十分受け止められ，理解されたという感覚をもってもらうことが大切です。

　自ら支援を求めるホットライン型電話支援とは異なり，アウトリーチ型電話支援では，自ら支援を求められなかったクライエントも多く支援対象とします。リファーに際し抵抗があるクライエントに対しては，その躊躇に共感的な理解を示しながら，なぜ躊躇するのかの理由を聴きます。緊急時でなければ，そのまま電話のみの支援を継続することもあります。

　リソースの紹介においては，本来ならばいくつかの選択肢を提示し，メリット・デメリットの説明をしたうえで，クライエントが自己決定できるまで伴走したいところです。もし，自己決定までをサポートできない場合でも，疑問や不安なことがあればいつでも問い合わせをしてよいことを伝えて，終話するようにします。リファーの詳細については，第7章を参照してください。

　いずれの場合も，終話するときには，「気がかりなことがあれば，いつでもお電話ください」と電話支援の窓口を案内し，電話支援が引き続きクライエントの今後の支援リソースのひとつになるよう，つながりをもたせて終わりましょう。

［桃井真帆］

第10章 電話支援者に対するトレーニングやケア

アウトリーチ型電話支援は，対象者の支援ニーズが不明のまま行うことも多く，相手の顔が見えないことから，支援者は強い緊張を強いられます。また，匿名性が高く，それだけに予想外の自己開示が起こったり，強い怒りの感情にさらされたりすることがあり，精神的な疲弊を起こしやすいものです。支援者の燃え尽き（バーンアウト）を防ぐためには，専門職者によるスーパービジョンや，資質向上のための研修活動，個別の心理的サポートは不可欠です。

1. 支援者の基本的態度

電話支援では，対面のカウンセリングや支援と同様に，傾聴や共感，受容といった基本的な態度が求められます。また，電話支援に特有の難しさがあることを理解し，学ぶ必要があります。アウトリーチ型電話支援の場合，チームを組んで支援を行うことが多いので，支援者同士の協力や助け合い，すなわちピアサポートが欠かせません。多職種のチームの場合は，互いの専門性を認め合い，尊重する姿勢が重要です。

2. 電話支援者のスキルアップ

支援者としてより良い支援を行うために，支援の技術を常に学ぶ必要があります。アウトリーチ型電話支援を実施する場合は，基本的なカウンセリン

グの技術に加えて，電話支援の特徴も学ぶ必要があります。学ぶための手立ての例を，以下に挙げます。

■(1) 研修会への参加

　それぞれの保持している資格に応じた学会などで，研修会が開催されています。また，電話支援チームのメンバーのなかに異なる専門性をもつメンバーがいれば，それぞれの専門性を生かして，自分たちの職場内で勉強会のような形で開催するのもよいかもしれません。

■(2) スーパービジョン

　スーパービジョン（以下，SV）とは，より経験のある支援者が，そうでない支援者に対して，具体的な技術を習得するために行う教育的訓練のことです。具体的には，自分が相談を受けているクライエント，またはその関係性について，自分より経験を積んでいて，信頼のできる専門職（スーパーバイザー）に定期的に相談をし，個別に，あるいはグループで指導を受けることをいいます。

　適切な支援を行うためにSVは欠かせないもので，一対一で行う個人SVや，小グループで行うグループSVなどの種類があります。SVの契約として，職場で依頼した専属のスーパーバイザーにSVを受ける場合と，個人的に（組織とは関係なく）SVを受ける場合があります。それぞれに一長一短がありますが，少なくともその組織で1人，スーパーバイザーを契約しておくと，チーム全体の在り方についても助言をもらえるので安心です。こうしたスーパーバイザーの場合，組織外の専門家に依頼するほうが，より客観的な意見をもらえる，他のリソースを紹介してもらえるという意味でも有効です。

■(3) ケースカンファレンス（事例検討会）

　電話支援終了後，支援内容について記録することはやっていても，緊急時であったり，支援の件数が多い場合など，事例について詳細な記録ができな

いこともあります。すべての事例でなくても支援者が印象に残った事例について，丁寧な記録をつけてみましょう。新たな気づきや反省点が見えてきます。

　詳細に記録を書くだけでなく，その記録の事例について他者から意見を聞くことが，事例の理解を深め，支援のスキルを上げることになります。ケースカンファレンス（事例検討会）として，事例提供者が事例をもとに発表し，司会，記録など，担当を決めてグループで行います。事例提供者からレジュメを配り，事例の説明をし，その後検討に移ります。誰かからの助言をもらうというよりは，皆で意見を出し合い，気づいたことを話し合います。月に一度など日時を決めて，定期的に実施するとよいでしょう。もしここにスーパーバイザーが参加すれば，それはグループ SV となり，より専門的な助言がもらえます。

■ (4) ロールプレイ

　同僚支援者とともに実際の支援場面を想定してシナリオ化し，それをロールプレイすることも，とても役に立ちます。同僚支援者にクライエント役を担ってもらい，自分が支援者役をとる。さらに，その役割を交代してロールプレイする（ロール交換）。その後に，お互いにどのような気持ちになったかを伝え合い，周りで観察をしていた人に改善点など感想を聞きます。可能であれば，ロールプレイの様子を録画したり録音したりして振り返ってみると，客観的に自分の支援スキルを検証することもできます。

　ロールプレイはスキルアップとしてもとても有効ですが，クライエントの役割をとることで，クライエントの気持ちを実感できるという優れた教育的側面があります。ぜひ定期的な研修として行ってみましょう。

■ (5) 他の支援者の電話支援

　対面でのカウンセリングと異なり，電話支援では他の支援者の相談が聞こえることが多いかと思います。対面でのカウンセリングは個室で行いますが，電話相談は部屋にいくつか電話を設置して行うことも多いからです。他

の支援者の話し方，声掛け，声のトーンなど，支援の参考になる点が多くあると思います。良いと思ったことは取り入れていきましょう。

3. 支援者自身の心理的ケア

　人の話をじっくりと聴くことは，とてもエネルギーのいることです。まして電話支援では，対象者の主訴やパーソナリティを，電話の内容や声の調子から理解して，評価しながら傾聴するのは，面接と同様に大変な労力がいり

コラム⓰　支援者特有のストレス

　どのような支援の形であれ，心理的援助を行う支援者には，特有のストレスがかかることが知られています。とりわけ，トラウマ関連の被害者・被災者に深く接することは，非常にストレスフルで，その支援者自身もまた被害者化してしまう現象は，よく知られています（これを「代理受傷」と呼びます）。また，本書でも強調している共感性を高めることは，しばしば支援者のひどい消耗や疲弊を招きます（これを「共感疲労」と呼びます）。

　クライエントに共感しすぎること，同一化しすぎることは，クライエント・支援者双方にとってダメージが大きく，結果的に関係性が壊れたり，支援の質が下がってしまいます。また，支援者はこうしたストレスから，しばしばクライエントと同様，あるいはそれ以上に自責的となり，自己評価を著しく下げてしまいます。こうした事態を避けるためにも，まず支援者自身がそのような状況に陥りやすいことを，事前に研修などできちんと理解しておくことが必要です。

　上述したような組織内のケア（ラインケア）に加え，組織外のスーパーバイザーの存在は非常に重要で，管理者は必要に応じて心配なメンバーのケアを依頼することが大切になります。　　　　　　　　　　　　　　［前田正治］

ます。支援者が援助業務において大きな悩みを抱えたとしても，守秘の面から家族や友人に相談できず，一人で抱え込んでしまうことも少なくありません。とくに支援者は，責任感から「もっとうまくしていたら」とか，「なんであんなことを話したのか」など，自責思考に陥りやすい傾向があります。

　そのような**支援者特有のストレス**（コラム**⓰**参照）に対処するために，電話支援チームのメンバーで，一日の業務の終わりにケースについて話し，意見を言い合える情報共有の時間を作るとよいでしょう。ケースカンファレンスほど時間をかける必要はありません。自分の事例を話すことによって，違うとらえ方や新たな考えも見つかるでしょう。相談内容について，どこにリファーするのかなど，それぞれの現場に応じた情報共有もとても大事です。

　支援者が過重なストレスを抱えたり，電話支援チームが相談し合えないような環境では，良い支援につながりません。より良い支援を行う体制を維持するためにも，支援者自身の相談スキルの向上に加えて，自身や仲間の心理的サポートや助け合い（ピア・サポート）は必要不可欠です。チームの責任者は，そのようなサポーティブな雰囲気をチーム内に作るように心がけ，上記のような工夫をしつつ，チーム全体のモチベーションや士気を保ちましょう。

［後藤紗織・前田正治］

第11章

東日本大震災後の架電型（アウトリーチ型）電話支援の試み

1. 福島県立医科大学による電話支援

　2011年に発生した東日本大震災と，そのさなかに起こった東京電力福島第一原子力発電所爆発事故は，未曽有の被害を福島県民に与えました。最も多いときで約16万人の住民が避難を余儀なくされ，2020年5月現在でも，3万人を超える住民が県外避難を続けています。このように，本原発災害の最大の特徴は，極めて多数の人々が，長期にわたる避難生活を余儀なくされ，しかも日本各地に離散したことです。これは自然災害ではまず見られない現象です。そして，こうした避難住民やその他の被災住民へのメンタルヘルス支援は，当初から重要との認識があったにもかかわらず，支援リソースの乏しさもあって，その実施は極めて困難に富むものでした。

　福島県立医科大学放射線医学県民健康管理センターでは，東日本大震災から約1年後の2012年2月より，震災当時福島県の避難区域に居住していた住民を対象とし，国や福島県の委託を受け，毎年電話支援を行っています（図11-1参照）。この電話支援は，「いのちの電話」のような受電支援ではなく，ハイリスクと考えられる方に，専門職（臨床心理士・保健師・社会福祉士など）による多職種チームメンバーから電話をかける，架電支援が特徴です。私たちはこの方法を，"お茶の間にこちらから出向く"という意味を込めて，**アウトリーチ型電話支援**と名付けています。

　ハイリスクの住民を選ぶ方法は，住民に心身の健康を聞く質問紙を毎年1回発送し，その質問紙の回答結果に基づき，うつやPTSD尺度，睡眠や飲酒などの生活習慣，自由記載などから，相談・支援の必要性を判断しています。ハイリスクの住民には，調査票に記載された電話番号に専門の支援員が

図11-1　センターの支援室風景

架電し，状況確認や助言，資源情報の提供などを行います。

　この方式（架電によるハイリスク・アプローチ）は，震災後の大混乱のなかで，当時福島県立医科大学で公衆衛生学講座を主宰していた安村らによって考案されました。予想されるハイリスク者数が非常に多いことや，被災者が全国に離散していることを勘案すると，支援方法も限られており，安村は現行の電話支援法を早くから模索していました。

　とはいえ，当時はスタッフもまったくいなかった状況であったため，関係機関への働きかけだけでは確保できず，安村にとってなじみのあった退職間近の保健師らを一人ずつ説得してリクルートするなどして，電話支援チーム作りが始まりました。

　当時は原発災害における放射線影響の大きさが非常に懸念されていたため，うかつな対応はできません。実際に，被災住民の怒りも強く，電話で激しい怒りをぶつけられることもしばしばでした。安村とそのもとに集まった即席の電話支援チームは，毎日のようにシェアリングや勉強会を重ね，暗中模索でこの試みを進めていきました。

　上述したように，今回の原発災害では多くの避難者が生じてしまいましたが，避難地域は近隣だけでなく，日本各地広域に分散しました。そして，避難生活が長期化するなかで，故郷に帰れるかどうかも不明な「**あいまいな喪**

失（コラム❶参照）」状況が続きました。私たちの被災者に対する調査（県民健康調査）でも，全国平均に比べるとはるかに高いうつ病リスク率が見られて現在に至っていますし，すでに2,000名を超す被災者が，長期化する避難生活などの影響で震災関連死と認定されました。さらに，残念ながら，そのうち100名を超える方々が震災関連自殺と認められ，これらの値は他の被

コラム❶　あいまいな喪失

　喪失のなかには，「死別」のような確実な喪失と，行方不明者のような，あるいは福島被災地のような，あいまいで不確実な喪失があります。後者の状況を，ミネソタ大学のポーリン・ボス（Pauline Boss）博士は「あいまいな喪失（ambiguous loss）」と名付けています。

　たとえば，津波などで家族が行方不明となり，ご遺体が見つからない場合，その人が亡くなっているという確証はどこにもありません。99.9％亡くなっているだろうと思われる状況でも，その確証がない限り，人は0.1％に希望をもち続け，気持ちに区切りをつけることが難しくなります。

　また，福島においては，全壊したような家屋は少なく，実際に帰還ができるようになった地域が増えたとしても（つまり物理的には喪失していなくても），現実にはもとのコミュニティが震災前とすっかり変わってしまい，ふるさと感をひどく失って（すなわち心理的には大きな喪失となって）しまいました。ただ，このようなあいまいな状況がもたらす心理的負担は，当事者以外の人々にはなかなかわかりにくく，次第に当事者は孤立に追い込まれてしまいます。

　あいまいな喪失状況における支援では，このような当事者の孤立を防ぐために，家族やコミュニティの間で安心してコミュニケーションがとれるように調整していくことが大切です。そのためには，支援する人たちが，支援に入る前に，「あいまいな喪失」とそれが被災者や家族に及ぼす影響について，十分に理解しておくことが重要となります。［瀬藤乃理子・前田正治］

災県よりもはるかに多い数値となっています。また，他の自然災害と異なり，福島の被災者に対する偏見や**スティグマ**（コラム❶参照）も，被災者を苦しめています。もちろん，放射線リスクに関するさまざまな不安は根強く住民に残っており，今後も粘り強い「**リスク・コミュニケーション**（コラム❶参照）」が必要です。

コラム❶ スティグマ

　ある個人が，偏見や差別などによって，経済や政治，あるいは社会のなかで不当な扱いを受けることを「スティグマ」と言います。女性，障がい者，低所得層，LGBT などの人々は，スティグマの対象にされやすいことが知られていますが，感染症の流行や大規模事故などの災害の際には，その当事者がスティグマの対象になることもあります。

　2011年の福島第一原発事故においては，その避難者が偏見や差別の対象にされました。たとえば，放射線をめぐる医学的根拠のないデマや，賠償金に対する偏った認識は，避難者に対する偏見を生み出し，避難先における誹謗中傷やいじめを引き起こしました。スティグマが生じた状況においては，直接的ないじめのようなあからさまな差別を経験しなくとも，避難先の地元住民からの冷ややかな態度が，避難した人々の生活や精神面において，大きな負担となっていました。

　このような差別的な発言や行動は，それをした当人には差別の意図がないことも多いです。これまでの心理学の研究では，偏見や差別は，単純にその人の歪んだ道徳性が生み出したもの，というわけではないことが知られています。そして，私たちは差別的な振る舞いを意識的に律することはできるものの，疲れているときや相手に腹を立てたときなどに，（意図せず）差別的な振る舞いが表出されやすいとされています。すなわち，どれほど道徳的な人でも，意図せず人を傷つける可能性があることを認識することが大切です。

[小林智之]

　一般に，災害時には訪問など，直接的な支援サービスがアウトリーチとして推奨されますが，大量に避難者が生じ，しかも日本全国に離散してしまった状況では，こうした支援法には限界があります。できるだけ多くの被災者に，いち早く，こころとからだの不調に対する双方向のやり取りができる支

コラム⓳　リスク・コミュニケーション

　リスク・コミュニケーションは，ジョン・F・ケネディ大統領が提唱した「消費者の権利」などに代表される，民主的価値観の浸透とともに社会に根付きはじめた概念で，それまでに行われてきた説得的な，あるいは恐怖感情に訴えるコミュニケーションとは一線を画するものです。日本では，1995年の阪神・淡路大震災や，2011年の福島原発事故を契機に，多くのリスク・コミュニケーション活動がとられました。

　リスク・コミュニケーションには，さまざまな側面があります。たとえば住民の知る権利，あるいは行政や専門家からの伝える義務といった視点があります。たとえば，原子力災害後の対策について住民が意見を反映させたり，意思決定に関与するのは，民主的な国家ではごく当たり前である，とするのがこの側面です。また，丁寧な対話を通して，不安や恐怖といった心の問題の対処方法をともに考えるという側面もあります。このようなコミュニケーション上の配慮は，頭ごなしに訴えるよりも，住民やユーザーに伝わりやすいという効果も見込まれます。

　リスク・コミュニケーションで何を達成するかは，実施者の価値や理念，規範に根差していることがしばしばあり，これまでの対話を介した経験にも依存します。科学的に明らかになったエビデンスを共有し，対応方法を住民とともに考えるということは，リスク・コミュニケーションのひとつのあり方ですが，それだけでなく，対話を通じて何を達成し，私たちの社会がどのようにあるべきかといった価値観を共有することもまた，リスク・コミュニケーションの重要な役割です。　　　　　　　　　　　　　　　　［村上道夫］

援体制が必要となり，上記のような「アウトリーチ型電話支援」が始まりました。結果として支援対象者は，沿岸部の被災市町村を中心に約21万人にのぼり，わが国はもちろん，他国でも前例がない大規模な電話介入支援となりました。この８年間で支援した被災住民の人数は，延べ約30,000人にもなります。

　震災約10カ月後より，極めて混乱したなかでこの試みがスタートし，最初の１年は実に約9,000人に電話支援を実施しました。平日９〜17時，相談に要した時間は１人あたり平均10〜15分程度で，30分以上の通話は全体の５％でした。体調面，睡眠状況，気持ちの落ち込み，通院状況，同居者についてなどを確認し，それに基づく生活習慣への助言や，必要に応じて受診勧奨などの情報提供を行いました。その後も，毎年3,000〜5,000人程度の被災者への支援は続いています。2016年に実施したフォローアップの面接調査では，この電話支援を受けた被災者の満足感は70％以上と高く，それぞれの状況や要求に応じた柔軟な対応が，高い満足感につながったものと考えています。

　一方，電話支援には課題もあります。就労者や若年者は，ハイリスクであるにもかかわらず電話がつながらず，支援が行き届かないことがあります。そのため，ハガキを送付して電話支援の希望をうかがったり，相談窓口の専用ダイヤルやパンフレットを送付するなどの対策を行ってきました。

　また，自殺など緊急性が高い場合は，電話支援のみでは対応が困難です。その場合，当センターでは，市町村の保健師や，ふくしま心のケアセンターなどの関係機関に情報提供し，訪問サービスにつないでいます。こうした支援体制がスムーズに機能するためには，**関係機関の協力**と，**日頃から密な連絡体制**をもつことが不可欠です。福島においても，被災者の避難生活が長期化し，相談内容も年々変化していますので，電話支援が担う役割は今後も大きいと感じています。

　以下に，私たちが実際に支援した事例を４つ紹介します（いずれも実際の支援事例をもとに作成した，架空の事例を提示しています）。

2．支援事例

■ (1) 一人暮らしの男性へのアドバイス

　避難先の借り上げ住宅で一人暮らしをしている60代の男性。電話で日常生活について状況を確認した際，避難先での仕事が見つからずやることがないため，酒ばかり飲んでいると言います。生活習慣に関して詳しく聞くと，毎日飲酒し，1回に飲む酒量が多いこと，1日の喫煙本数も増えていることなどの問題がありました。

　このため，睡眠状況や受診状況など詳しく話を聞いたうえで，休肝日を設定してみることや，禁煙についての意識（禁煙したいと思う気持ち）などの確認，運動習慣についてのアドバイスを行いました。また，近隣地域で禁煙外来を実施している病院を紹介しました。

■ (2) 見守りのため継続的な電話支援

　避難先の首都圏で夫と二人暮らしの70代女性。子どもたちとは離れて暮らしており，正月に遊びに来ることはあるものの，ふだんの行き来はほとんどないとのことでした。電話にて現在の体調や生活について聞くと，「大丈夫です」と繰り返し答えるだけです。現在の居住地において地域とのつながりがなく，夫とともに孤立している様子がうかがえたため，地域のサロン活動を紹介しましたが，「避難者と知られるのは嫌なので……」と参加には消極的でした。そのため，見守りのために継続的な電話を実施することとし，あらためて最近の状況について確認しました。

■ (3) 母親から寄せられた子どもの不安に対処

　30代の女性で，夫と小学生の子どもの三人暮らし。避難指示が出た当初は，県内外を避難のために点々と移動し，引越しは7回に及んだと言います。1年ほど前に避難解除になったため，現在は被災時に住んでいた家に戻

りました。本人自身の状況を電話で確認していく過程で，子どもの登校渋り
が見られていることに悩んでいることがわかりました。

　登校渋りが始まった時期や，担任の先生や学校と相談できているのかなど
を確認したところ，不登校までの状況には至っていないこと，担任にはまだ
何も相談していないことがわかりました。このため，家族内でのコミュニ
ケーションをとることや，担任の先生に学校での様子を確認し，本人の状況
について相談するよう勧めました。また，困ったときの相談先として，ス
クールカウンセラーの利用の仕方を説明するとともに，教育センターなどの
相談先リストを送付しました。

■ (4) 就労ストレスから体調を崩している男性の相談

　一人暮らしの20代男性。4月に職場で異動があり，震災関連の業務に携わ
ることになりました。通常業務に加え，新規の震災業務が増え，慣れないう
えに周りの職員も疲弊していて，相談もできないと言います。異動から2カ
月ほどしたところで，寝つきが悪く熟睡できない，食欲がなく何をするにも
おっくうで楽しくないなどの，抑うつ症状が出てきました。

　現在もその状況は続いており，職場には毎日行けているものの熟睡できて
いないため，遅刻ギリギリに会社に着くことも重なっていました。また，仕
事中に睡魔に襲われることも出てきて，仕事の遂行に支障をきたすように
なっていました。「ときどき消えてしまいたくなる」「自分は価値のない人間
だと思う」などの発言が聞かれたため，構造化面接法を用いて「抑うつ」
「自殺」についてアセスメントしたところ，うつ病を疑う症状が見られ，自
殺について計画性はないものの，慢性的な自殺念慮があることが判明しまし
た。

　そこで，直ちに医療機関への受診を勧めますが，本人は「まだ，やれてい
るので大丈夫です」と，受診には消極的です。しかし，同居家族もなく，見
守りがなされていないことから，当該自治体の保健師との情報共有と訪問支
援が必要と判断し，その旨を伝えると，保健師の訪問については本人に承諾
を得ることができました。その後，自治体保健師と心のケアセンターによる

訪問支援が行われ，医療機関受診に至っています。

3. おわりに

　当センターのアウトリーチ型電話支援の試みは，日本全国に離散してしまった数多くの被災者の方々に架電して，心理的支援を行うという，過去にも類を見ないものでした。それだけに，暗中模索で，支援をしながら学んでいったというのが実際です。わが国では，災害時には直接個別訪問するという支援が，アウトリーチとして定着しています。しかしながら，災害の形によっては被災者が離散することは少なくなく，また，そもそも被災地のアクセスが悪かったり，被災地が広範囲であったりした場合には，直接個別訪問で支援を展開することに限界も生じます。

　本稿執筆時は新型コロナウイルス感染症の流行で，日本全国で直接支援が相当に制限されている状況です。たとえば，ふくしま心のケアセンターなど，被災者を直接訪問することを旨としている支援機関では，その主な手法を現在，電話支援に切り替えようとしています。ただ，現在のような非常時に限らず，架電による支援，アウトリーチ型電話支援は，有効な心理的支援のひとつとして，その意義は非常に大きいと感じています。

　　　　　　　　　　　　　　　　　　　［堀越直子・及川祐一・前田正治］

【文献】

前田正治編著（2018）福島原発事故がもたらしたもの――被災地のメンタルヘルスに何が起きているのか．誠信書房.

中條幸子（2020）士業のための電話相談入門(1)――7STEPS．パブフル（電子書籍）.

Rosenfield, M.（1996）*Counseling by telephone*. SAGE.（斎藤友紀雄・川島めぐみ訳（1999）電話カウンセリング――電話相談の専門性と治療関係．川島書店.）

佐藤誠・高塚雄介・福山清蔵（2010）電話相談の実際．双文社.

杉原保史・宮田智基（2018）SNS カウンセリング入門――LINE によるいじめ・自殺予防相談の実際．北大路書房.

杉原保史・宮田智基編著（2019）SNS カウンセリング・ハンドブック．誠信書房.

Part Ⅱ　インターネットを用いた心理支援

第12章

遠隔心理支援とは

1. 遠隔心理支援とは

　心理学を活用した支援サービスを，遠隔で提供することを指す用語は複数あります。一般には，距離を意味する "tele" という接頭語の後に，特定の分野を指定した用語を付けた造語がよく用いられます。たとえば，telemedicine（遠隔医療），telehealth（遠隔診療），telepsychology（遠隔心理支援），telepsychiatry（遠隔精神医学），tele-behavioral medicine（遠隔行動医学）などです。

　アメリカ心理学会では，サービスの受給者と提供者が物理的に離れた場所にいる状況で，情報技術を介したコミュニケーションによって提供される心理支援サービス全般を，「遠隔心理支援」と定義しています（アメリカ心理学会，2013）。では，具体的に遠隔心理支援にはどのような実践が含まれるのか，図12-1に示したマッコードら（McCord et al., 2020）による遠隔心理支援実践の統合モデルをもとに説明します。このモデルは遠隔心理支援の実践について，①提供手段，②提供場所，③提供に必要な専門知識や技術の領域（実践領域），という3つの側面から整理しています。

2. 提供手段

　遠隔で心理支援サービスを提供するための主な手段は，スマートフォンなどにインストールして実施することができるアプリ，音声によるやり取りを

図12-1   遠隔心理支援実践の統合モデル
(McCord et al., 2020, Figure 1 をもとに著者作成)

主とする電話や音声コール，文字情報のやり取りを主とする電子メールやテキストメッセージ（チャットなどを含む），音声と映像の双方を含むやり取りが可能なビデオカンファレンスなどのビデオ通話，ウェブベースドなもの（心理教育や治療プログラムが掲載されたウェブページなど）に大別されます（図12-1）。

　また，これらのコミュニケーション技術のシステムは，同期型と非同期型に分かれます。同期型はビデオカンファレンスやチャットなど，リアルタイムでコミュニケーションが行わるシステムのことで，非同期型は電子メールやオンライン掲示板など，やり取りに一定の時間経過が生じるシステム（た

とえば，メールを送信した場合，その返信が返ってくるまでに数十分から数時間かかるなど）のことを指します。

　遠隔での心理支援サービスは，従来の対面型の支援を補完するために用いられることもあれば，単独で提供されることもあります。たとえば前者では，対面で週1回実施している心理療法の効果を補強する目的で，クライエントにその心理療法に関連したスマートフォンアプリを実施してもらう，といったかたちで提供されます。後者では，医療資源の乏しい過疎地域で心理療法の提供者がその地域にいないため，遠隔で提供する場合などが該当します。

3. 提供場所

　遠隔心理支援の提供場所は，対面での心理支援サービスと同様に多様です。地域のクリニックや病院で提供される場合もあれば，刑務所で服役中の方に提供されることもあります。日本においては，私設のカウンセリングオフィスやオンラインサービスを通じて提供されることが多いのが現状です。小・中・高校や大学の学生相談，大学に併設された心理相談室など，各種教育機関でも提供されます。

　その他，日本ではあまりなじみがないかもしれませんが，アメリカには退役軍人省といって，戦争や紛争に従事した退役軍人への医療支援などを管轄する行政機関があり，そこで外傷後ストレス障害（PTSD）の治療の提供などが行われています。そうした退役軍人のなかには，医療資源の乏しい過疎地域にお住まいの方もおり，そうした方に心理療法を提供する際に遠隔心理支援が活用されています。退役軍人に限らず，国土の広いアメリカでは，こうした遠隔心理支援サービスは決して珍しくはありません。

4. 実践領域

　マッコードら（McCord et al., 2020）は，遠隔心理支援を効果的に提供するために必要な専門知識や技術の領域を，9つに分類しています。この分類は，アメリカ心理学会が発行する「遠隔心理学（Telepsychology）実践のためのガイドライン」（アメリカ心理学会，2013）および，関連する4つのガイドライン*1の内容を整理して作成されています。

　9つの領域には，以下のものが含まれています。

① クライエントの身元や所在地の確認，支援の記録，サービス料の支払い方法，保険適用の情報など，遠隔支援サービスを円滑に進めるための**運用スキル領域**。

② 遠隔での心理検査などの実施に関する知識と技術である**アセスメント領域**。

③ **倫理と法律に関する領域**。

④ **多文化の能力（クライエントの多様な文化的背景への配慮）領域**。

⑤ 遠隔で心理療法を実施するためのスキルである**心理療法領域**。

⑥ 遠隔支援に関する研究や有効性の評価をするスキルである**研究・評価領域**。

⑦ 自殺などの有害事象の発生リスクの評価などを含む**リスクアセスメント領域**。

⑧ 治療者の訓練に関わる**スーパービジョン領域**。

⑨ **その他のテクニカルなスキル領域**。

---

*1　アメリカのオハイオ州の心理学会，オンタリオ州の心理学会，ニュージーランド心理学，オーストラリア心理学会が，それぞれ遠隔心理支援のガイドラインを発行している。

　「心理療法領域」には，クライエントが遠隔支援に適切であるかアセスメントする能力，インフォームド・コンセントのための知識（巻末の資料 4 参照），サービスの利用時間の明確化などの構造化，プライバシーの保護，不測の事態で通信が途切れた際に代替となる連絡手段の確保，サービスの終結に関する技能，が必要とされます。これらのなかの主要ないくつかの事項については，後の章でもう少し詳しく解説します。

［竹林由武］

【文献】

アメリカ心理学会（2013）遠隔心理学（Telepsychology）実践のためのガイドライン［https://psych.or.jp/special/covid19/telepsychology/guidelines_for_the_practice_of_telepsychology］（American Psychological Association, Joint Task Force on the practice of Telepsychology. APA Guidelines for the Practice of Telepsychology. (2013). American Psychologist. Washington, DC: Author: https://www.apa.org/practice/guidelines/telepsychology）

McCord, C., Bernhard, P., Walsh, M., Rosner, C., & Console, K.（2020）A consolidated model for telepsychology practice. *Journal of Clinical Psychology*, **76**(6), 1060-1082.

第13章 遠隔心理支援のガイドラインの要点

遠隔心理支援を円滑に実施するためには，通常の心理支援を行うこととは別に配慮すべき事項があります。本章では，第12章で簡単に紹介したアメリカ心理学会の「遠隔心理学（Telepsychology）実践のためのガイドライン」のほかに，イギリスカウンセリング心理療法協会が発行している指針に基づいて，遠隔心理支援を導入する際の注意点について解説します。特に，遠隔支援を提供する支援者に求められる能力（コンピテンス），情報セキュリティや守秘義務，インフォームド・コンセント，法制度に関する要点を示します。ガイドラインの URL を章末に掲載しましたので，詳細はそちらを確認ください。

1. 支援者に求められるもの

はじめに，遠隔での心理支援と対面での心理支援の異同を考えることから，支援者に求められるコンピテンス（能力，適性）について検討したいと思います。当然のことですが，遠隔で心理支援を行う際にも，対面で心理支援を行う支援者に求められるコンピテンスを満たす必要があります。つまり，専門家としての基本的な姿勢，反省的実践の徹底，専門的知識に基づいた方法の実践，治療関係の遵守，他職種へのリスペクトに基づいた連携，職業倫理の遵守とコンプライアンスなどについては，心理支援を専門とする者として身につけておく必要があります。

では，遠隔心理支援特有のコンピテンスとは何でしょうか。

1つ目は，対面による面接にはない，コミュニケーションを支える情報技

術への理解が挙げられます。遠隔心理支援はさまざまな情報技術を利用して提供されます。支援者は自らが利用する接続サービスについて，通信回線の安全性や記録保持の問題などを中心に，技術的な理解をしておく必要があるでしょう。もちろん，これはソフトウェアやハードウェアのプログラムの中身についての理解を求めているわけではありません。しかし，自らが利用しているサービスのプライバシーポリシーや，接続の信頼性（途中で音声や接続が途切れたり，他者に漏れる可能性がないか）などを理解し，クライエントに説明できる必要があります。

　2つ目は，トラブル時に代替となる通信手段を確保しておくことが挙げられます。支援者が提供しているサービスが，何らかの理由でやり取りができなくなった場合に，代替サービスを用いてクライエントと速やかにやり取りを再開できることが求められます。ここでは，クライエントがその代替サービスを利用したことがなかった場合に，支援者自らが代替サービスへの移行を援助できることも求められるでしょう。スーパービジョンや研修を通じて，利用する通信技術への理解を深めることが求められています。

　ほかにも，電話や Web 会議システムを用いた支援では，制限される非言語的情報をフォローするようなやり取りが求められます。たとえば，対面による心理支援のときよりも，身振り手振りを多く取り入れる（リアクションでは，OK サインなどハンドジェスチャーをするなど〈巻末資料 5「ビデオ通話による遠隔心理支援における非言語コミュニケーションの工夫」参照〉）も有効だと言われています。

　遠隔心理支援で心理療法を提供した場合のスーパービジョンは，オンライン技術を理解したスーパーバイザーから指導を受けることが望ましいですし，自分がふだん利用している技術を用いてスーパービジョンを受ける（たとえば，自分が Skype で面接をしている場合には，スーパービジョンも Skype で受ける）こともよいでしょう。

2. 情報セキュリティ

情報技術を用いたやり取りにおいては，絶対的なセキュリティを確保することは残念ながらできませんが，既存の技術のなかでより安全な方法を選択する必要があります。イギリスカウンセリング心理療法協会のガイドラインでは，セキュリティについて，以下の点を検討するよう推奨しています。

(1) クライエントにとってアクセスしやすく，受け入れやすいサービスを選択しましょう

たとえ高度なセキュリティが提供されているコミュニケーションツールであったとしても，クライエントが適切に利用できない場合は，選択肢には入れません。クライエントと話し合いながら，最善のセキュリティが提供され，クライエントがスムーズに利用できるサービスを選択することが大切です。

(2) 提供されるサービスの種類に応じた，適切なレベルのセキュリティを確保するための措置をとりましょう

利用するサービスによって，適切なセキュリティレベルは変わってきます。オンラインビデオ会議システムの場合は，たとえば，双方が利用している Wi-Fi の暗号化はなされているのか（公衆無線 LAN などでは，通信情報が保護されていないことがあります）や，受信側，送信側の双方にセキュリティソフトなどの対策が行われているかを，確認する必要があります。また，オンラインでの面接を行う場所についても，プライバシーが守られる場所なのかを検討することが必要になります。メールなどテキストベースでのやり取りの場合には，クライエント以外の人も利用し，閲覧する可能性のある共有のメールアドレスを利用していないか，コンピュータにログインするパスワード保護が適切になされているか，などが検討事項として挙げられます。

■ (3) 急速に変化するセキュリティへの新たな脅威を回避するために，常に気をかけましょう

　とくに，コンピュータを利用した遠隔での心理支援サービスの場合，OS や利用するサービスのアプリケーションのアップデートや，脆弱性に対する修正パッチの適用などについて，注意を向けておく必要があります。OS は最新版にアップデートしたことによって逆に不具合が生じることもありますので，そういった場合のために，代替となる通信手段を利用できるようにしておくことが重要です。第15章では，情報セキュリティの観点から遠隔支援に使用するソフトウェアの選定方法が解説されていますので，本章と併せてご参照ください。

3. 守秘義務

　情報通信機器の利用には，情報漏えいのリスクが伴います。遠隔での心理支援を提供する場合には，対面による支援と比較して情報を守ることに特別な注意が必要であることを，クライエントと事前に共有しておく必要があります。たとえば，電子メールやチャットでのやり取りは，PC や電話のセキュリティ（パスワードなど）を解除することで，見られてしまう可能性があります。また，Web 会議システムなどで自宅からのセッションを行っている場合などは，隣の部屋にいる家族に会話の内容が聞こえてしまう可能性もあります。支援者は，サービスの提供中に起こりうるデータや情報への不正アクセス，あるいはその他の情報漏えいについてのリスクについても，ある程度クライエントに伝えておきましょう。そういった技術的な限界について過度に恐れる必要はありませんが，リスクを減らす工夫は必要ですし，そのためにはクライエントの協力や理解もまた必要となります。

　また，支援者のインターネット利用に関しても，注意が必要です。支援者が SNS などにクライエントの情報を公開しないことはもちろんですが，

SNS を通じてクライエントが支援者のプライベートな情報にアクセスする可能性があり，それが専門的な関係性に悪影響を及ぼすことがあります。もちろん，こうした問題は対面式面接でも起こりえますが，遠隔心理支援サービスを提供している専門家は，クライエントが自身の SNS を見ている可能性を考慮に入れて，SNS を利用する必要があります。事前に「私は SNS で発信をしていますが，SNS を通じていただいた連絡には一切応じられませんので，ご了承ください」などと伝えておくことも，適切な距離感で支援を継続するために有効です。

4. インフォームド・コンセント

　遠隔での心理支援サービスを提供する際には，利用するサービスの安全性を考慮したうえで，インフォームド・コンセントを行うことが推奨されます。アメリカ心理学会による「遠隔心理支援用インフォームド・コンセントのためのチェックリスト」に記載された推奨事項を，巻末の資料4に掲載していますので参照ください。

　このチェックリストでとくに重要な点は，危機的状況への対処について，事前に同意を得ておくことです。遠隔心理支援で危機的状況に陥ったときの対応は，対面の心理支援よりも困難になります。そのため，緊急連絡先や関連する救急医療機関などについてあらかじめ確認し，安全計画を立案しておく必要があります。たとえば，オンラインでの面接中に自殺企図を起こした場合，早急に対応しなければいけません。そのための緊急連絡先や，クライエントが継続して通っている医療施設などについて，情報を得ておくことが重要です。

　また，行うサービスの対価として料金が発生する場合には，面接費用や予約管理などの治療構造やルールについても，クライエントと事前に確認をしておくことが大切です。事前振込が確認された後にサービスを提供することをあらかじめ定めておいたり，予約の変更は2日前までに行うこと，セッ

ション終了後一定期間以内に料金が振り込まれない場合には，次の予約が自動的にキャンセルになることなど，細かい点についてもクライエントと確認しておくとよいでしょう。

　こうしたトラブルは，治療関係を築くうえでの大きな支障となってしまいますので，なるべく避けなければなりません。

5. 法制度関連

　諸外国では，オンラインカウンセリングだけでなく，カウンセリングについても法律や規定が存在します。遠隔心理支援では，法制度が異なる地域や国家間で行われることもあるので，クライエントの居住地における規定を理解しておくことが求められています。

　日本においては，心理支援に特化した法律や規定はありませんが，特に医療領域では，2018（平成30）年3月に厚生労働省から「オンライン診療の適切な実施に関する指針」が示され，オンライン診療や情報管理などについて準拠すべき事項が定められています。また，カウンセリングで取り扱う情報は，個人情報保護法に基づいて利用・保管されなければならないことから，個人情報保護法についても理解しておくことが求められます。

6. その他

　先に守秘義務のところでも取り上げましたが，遠隔心理支援にて利用するツールは，簡単に録音や録画などの記録を残すことが可能となっています。これは，クライエント・支援者ともに面接を振り返るよい機会となりますが，情報流出のリスクを高めることにもなります。原則として，肖像権保護の観点からも，クライエントの承諾なく録音・録画をしてはなりません。クライエントとの間で，記録の管理方法やアクセスできる範囲，記録された情

報の利用のされ方について，事前に文章化し共有しておきましょう。また，支援者はそれらの記録のセキュリティ保護に努めましょう。

　これまで遠隔心理支援を提供しておらず，導入がこれからという施設では，支援開始に先立って，巻末の資料6「遠隔心理サービスのための相談体制チェックリスト」のようなリストを作成し，支援体制の準備が整っているか確認するとよいでしょう。

　　　　　　　　　　　　　　　　　　　　　　　　　　　　　　［田中恒彦］

【文献】

アメリカ心理学会．遠隔心理支援実践のためのガイドライン〔https://psych.or.jp/special/covid19/telepsychology/guidelines_for_the_practice_of_telepsychology〕
イギリスカウンセリング心理療法協会．カウンセリング専門職のオンラインワーク 良い実践のための推奨047 ファクトシート〔https://www.bacp.co.uk/media/2162/bacp-working-online-supplementary-guidance-gpia047.pdf〕

第**14**章 遠隔心理支援のエビデンス

　遠隔心理支援が特定の臨床的問題の改善に有効であるかを検証するために，これまでにたくさんの臨床試験が実施されてきました。ここでは，そうした臨床試験による知見をご紹介します。下記に紹介する内容は，一部の実践家の方にとっては難しく感じられるかもしれません。その場合には，後続の実践的な内容が記載されている章を，先に読み進めていただいてかまいません。

　臨床試験の知見を臨床実践に活用する際には，まずはエビデンスレベルの高い知見から参照していくことが実用的です。ここでは，臨床研究の研究デザインのなかで最もエビデンスレベルの高い無作為化比較試験（randamized controlled trial: RCT）のメタ分析（コラム**⑳**参照）によって示されている，遠隔心理支援の有効性に関する知見をご紹介します。ここで紹介した知見の一覧は，巻末の資料7「遠隔心理支援メタ分析エビデンスリスト」に掲載されています。

1. 不安症[*2]

　PTSDと強迫症の遠隔心理支援では主に，対面での実施で有効性が示されている認知行動療法（PTSDでは持続曝露療法，認知処理療法など，強迫症では曝露反応妨害法）を，スマートフォンやPCのビデオ通話やビデオ会議

[*2]　最新のアメリカの診断基準（DSM-5）では，強迫症やPTSDは不安症から独立した診断カテゴリーとして位置づけられていますが，ここでは旧分類に基づいて不安症のカテゴリーとして整理しています。

コラム⓴　RCT とメタ分析

　典型的な RCT では，特定の介入方法の有効性を検証するために，その介入方法を受ける群と，その介入とは異なる介入を受ける比較となる群（統制群）を設定し，研究参加者をいずれかの群にランダムに割り当てます。参加者を各群にランダムに割り当てると，研究参加者の背景要因（年齢，性別，その他アウトカムと関連する要因）が，群間で均等にばらつくことが想定されます。そうすることで，一定期間の介入後に，各群のアウトカム（抑うつ症状の重症度や，生活の質の向上など）に差が認められた場合に，その差が他の要因によるものではなく，群間の介入の違いであると解釈しやすくなります。

　RCT の代表的なものに，優越性試験と非劣性試験があります。優越性試験は，特定の介入が比較となる介入よりも優れていることを示すのを目的とし，非劣性試験は，特定の介入が比較となる介入に劣っていないことを示すのを目的とします。たとえば，抗うつ薬がプラセボ薬よりも抑うつ症状の改善に有効かを検証する試験は，優越性試験になります。非劣性試験では，標準治療として有効性が確立されている介入を統制群に設定し，新規介入と比較することで，新規介入が標準治療に劣らない効果を持つかが検討されます。遠隔心理支援の文脈では，インターネット認知行動療法が対面の認知行動療法に劣っていないかを検証する，非劣性試験が盛んに行われています。

　RCT の知見は，同じ介入方法を同じ疾患群に適用した場合であっても，多様な要因によって，研究間で介入による効果の大きさや方向性（介入群のほうが有効あるいは統制群のほうが有効）にばらつきが生じます。そうした研究間のばらつきを考慮したうえで，研究知見を統合する手法をメタ分析と呼びます。　　　　　　　　　　　　　　　　　　　　　　　　　［竹林由武］

システムなどを通じて提供した場合の有効性や，ウェブベースドプログラムであるインターネット認知行動療法の有効性が検証されています（Olthuis et al., 2015; Wootton, 2016）。

　PTSD でも強迫症でも，遠隔心理支援介入群は，消極的統制群（待機リスト群や注意プラセボ群などの積極的な介入を実施しない統制群）と比べて，介入終了時に症状の改善度が高いことが示されています。また，対面での介入と遠隔心理支援による介入を比較した場合には，介入終了時には群間での症状の改善度に顕著な差が認められないことが報告されています。数カ月後のフォローアップ期間では，PTSD では対面での介入が遠隔心理支援による介入よりも良い成績を示しているのに対して，強迫症ではそのような明確な差は認められていません。

　対人場面において強い不安をもたらす社交不安症の遠隔心理支援では，インターネット認知行動療法の有効性が主に検討されています。インターネット認知行動療法群は，消極的統制群と比べても，積極的統制群（特定の心理的介入を行う統制群）と比べても，介入終了時に症状の改善度が高いことが示されています（Kampmann et al., 2016）。

　不安症に限らず，ビデオカンファレンスを用いた遠隔心理支援介入が，対面での認知行動療法と比べて介入効果が劣っていないかを検証する，非劣性試験を実施した 4 件の研究を統合したメタ分析では，ビデオカンファレンスを用いた遠隔心理支援介入は，対面での認知行動療法に主要な症状の改善という点で劣らないことが報告されています（Norwood et al., 2018）。ただし，興味深いことに，治療同盟といったクライエントとセラピストの良好な治療関係を反映する指標においては，ビデオカンファレンスが対面での介入よりも劣ることが報告されています。

　これらの知見は，遠隔心理支援の有効性を認めたうえで，それを運用する際のコミュニケーションには，いっそうの配慮が必要であることを示唆しています。

2. うつ病

　うつ病や抑うつ症状の改善を目的とした遠隔心理支援の臨床試験は，最も盛んに行われています。特に，インターネット認知行動療法やコンピューター認知行動療法といった，PC またはモバイルアプリ上に掲載された治療内容を，クライエントが自学式に学習する形式での支援の提供方法が盛んです。インターネット認知行動療法は，クライエントがセラピストのサポートを得ずに，最初から最後まで学習を続ける場合と，セラピストがサポートを提供する場合の，それぞれの有効性が検討されています。

　一定のうつ病症状を抱えるクライエントに対するインターネット認知行動療法の効果を検討した，40件の RCT の結果を統合したメタ分析（Wright et al., 2019）によると，治療終了後の時点で統制群（通常治療群や待機リスト群など）と比べて，抑うつ症状が顕著に改善することが示されています。このメタ分析では，セラピストのサポートがある場合とない場合，どちらの場合でも有効性が示されていますが，セラピストサポートがある場合のほうが顕著に効果が高いことも示されています。

　さらにこのメタ分析では，セラピストの主なサポート方法を，メール対応，電話対応，対面での対応に区別すると，対面でのサポートがある場合に最も効果が高く，順に電話，メールでのサポートと，効果が弱くなることが示されています。インターネットプログラムが有効である一方で，対面で接することにも，やはり一定の臨床的効果があるのかもしれません。

　抑うつのケアをする場面をプライマリケア場面に限定した場合は，インターネット認知行動療法の有効性は示されていません（Wright et al., 2019）。プライマリケア場面では，複雑な病態の重症患者が対象になることが多いことや，プライマリケア場面以外の研究に比べて研究数自体が少ないことなどが理由として挙げられています（Wright et al., 2019）。

　うつ病に対しては，テキストメッセージの有効性も検討されています（Senanayake et al., 2019）。テキストメッセージは，メールなどでメッセー

ジが自動送信されるタイプの介入方法になります。うつ病に対してテキスト
メッセージによる効果を検討した，7件の RCT の結果を統合したメタ分析
によると，統制群と比べて治療終了後に顕著な群間差は示されていません。

3. 睡眠障害，摂食障害，自殺リスク

　セラピストのサポートがない自学式の遠隔心理支援（主にインターネット
認知行動療法）は，うつ病以外にも，睡眠障害，摂食障害，自殺念慮に対し
て有効性が示されています。

　不眠や仮眠や中途覚醒など，多様な睡眠の問題に対するインターネット認
知行動療法の有効性を検討した，13件の RCT の結果を統合したメタ分析に
よると，セラピストサポートのないインターネット認知行動療法は，待機リ
スト群と比べて，治療終了後の睡眠障害の多様なアウトカム（睡眠障害の重
症度，睡眠効率，睡眠時間，入眠時間，中途覚醒時間）が顕著に改善するこ
とが示されています（Seyffert et al., 2016）。また，同じメタ分析のなかで，
セラピストサポートのないインターネット認知行行動療法は，対面で実施す
る認知行動療法と比べて，睡眠障害の重症度や睡眠効率といったアウトカム
の改善に差が認められないことが示されています。

　摂食障害への，セラピストサポートのないウェブベースドプログラム（主
に認知行動療法）の有効性を検討した，12件の RCT の知見を統合したメタ
分析によると，ウェブベースドプログラム群は統制群（主に待機リスト群）
よりも，介入後およびフォローアップ期間（3〜18カ月）において，顕著に
摂食行動や摂食障害と関連する認知に改善が認められています（Barakat et
al., 2019）。

　自殺念慮のある方に対しての，セラピストサポートのないウェブベースド
プログラムの有効性を検討した，12件の RCT の知見を統合したメタ分析に
よると，遠隔心理支援は統制群と比べて自殺念慮が顕著に改善することが示
されています（Torok et al., 2020）。一方で，介入プログラムが自殺リスク

ではなく抑うつをターゲットとした介入では，自殺念慮の改善に対する有効性は示されませんでした。自殺念慮は抑うつなどの特定の精神症状とは独立して，自殺予防に焦点を当てた介入が必要かもしれません。

4. 物質依存

　問題飲酒と禁煙に対する遠隔心理支援の有効性を検討したメタ分析が，数件報告されています。比較的軽度な問題飲酒者を対象とし，ウェブアンケートのような形式で実施される電子スクリーニングを行い，スクリーニング陽性者には，簡易な遠隔での心理サポートを提供する支援構造が開発されています（Donoghue et al., 2014）。その構造によって，提供された支援が飲酒行動へ与える影響を検討した，17件の RCT の知見を統合したメタ分析によると，スクリーニングから 3 カ月のフォローアップ期間において，統制群（通常ケア群，評価のみの群，未介入群など）と比べて，飲酒量が顕著に改善し，1 年後のフォローアップにおいても統制群よりも良好であることが示されています。しかし，1 年以上のフォローアップでは統制群との差は示されませんでした。

　喫煙者を対象に，禁煙を目的としたウェブベースなプログラムの効果を検討した，6 件の RCT の結果を統合したメタ分析によると，介入群は統制群（通常ケア群，注意プラセボ群）と比べて，禁煙日数が顕著に増加したことが示されています（Gulliver et al., 2015）。

　また，喫煙行動に陥りやすい集団（低い社会経済的地位，精神疾患者，薬物依存症入院患者など）を対象とした，遠隔心理支援の有効性を検討した，13件の RCT の結果を統合したメタ分析においても，遠隔心理支援群は，治療終了後 1 カ月時点で統制群（注意プラセボ群，通常ケア群）と比べて禁煙日数が顕著に増加し，1 年半後まで統制群との差が維持されることが示されています（Boland et al., 2018）。

　青年を対象に，問題飲酒の防止を目的としたテキストメッセージを送信し

する介入を実施した，7件の RCT の結果を統合したメタ分析によると，飲酒量や頻度の報告や，簡易なアドバイスを求めるテキストメッセージ送信による介入は，統制群と比べて，顕著に衝動的な飲酒の増加が認められることが報告されています（Bastola et al., 2020）。テキストメッセージ送信のみの安易な介入は，問題行動をかえって促してしまう可能性を念頭に置いたほうがよいでしょう。

5. 身体疾患

　胃腸の不調や疼痛，あるいは慢性疾患など，身体疾患と関連の深い，またはそれらに併発するメンタルヘルスの問題に対しても，遠隔心理支援の有効性が示されています。

　過敏性腸症候群や炎症性腸疾患などの消化器疾患に対するインターネット認知行動療法の有効性を検討した，5件の RCT の結果を統合したメタ分析によると，インターネット認知行動療法群は統制群（待機リスト群，通常ケア群）と比べて，治療後の消化器症状を改善することが示されています。しかしながら，6カ月後のフォローアップでの有効性は示されていません（Hanlon et al., 2018）。

　頭痛，腰痛などの慢性疼痛に対して，セラピストサポートのないウェブベースドプログラムや，モバイルアプリケーションによる介入の有効性を検討した，17件の RCT の結果を統合したメタ分析によると，ウェブベースドプログラムやモバイルアプリケーションによる介入群は，治療終了後から6カ月のフォローアップ期間までは，痛みの強度が統制群（通常ケア群，待機リスト群，生活指導のみなど）と比べて，顕著に改善することが報告されています（Martorella et al., 2017）。しかし，7カ月以上の長期のフォローアップ期間では，統制群に対する優越性は示されていません。

　セラピストサポートのあるインターネット認知行動療法の有効性を検討した，16件の RCT の結果を統合したメタ分析によると，インターネット認知

行動療法は対面での認知行動療法に比べて，治療終了後およびフォローアップ期間において，痛みの強度や痛みによる生活の支障度の改善に差がないことが示されています（Moman et al., 2019）。抑うつでの知見と同様に，ウェブベースドプログラムでは，セラピストのサポートがある場合に有効性が高まるのかもしれません。

　がん患者や多発性硬化症患者には，併発する抑うつ症状に対する遠隔心理支援の有効性が検討されています。がん患者を対象とした認知行動療法やマインドフルネスなどの，ストレスマネジメントのための心理教育を主とした内容のウェブベースドプログラムの有効性を検討した，7件の RCT の結果を統合したメタ分析によると，介入後には，インターネット認知行動療法群は統制群（通常治療群，待機リスト群）と比べて，抑うつ症状と疲労が顕著に改善することが示されています（Wang et al., 2020）。一方で，QOL や精神的苦悩といったアウトカムでは，統制群との差が示されていません。

　多発性硬化症のメンタルヘルスケアとして，認知行動療法や感情焦点化療法に基づく電話支援の有効性を検討した，11件の RCT の結果を統合したメタ分析によると，電話介入群は，統制群（通常ケア群や待機リスト群）と比べて，介入後の抑うつ症状が顕著に改善することが示されています（Proctor et al., 2018）。

6. 予防的介入, 周産期のメンタルヘルス, 児童青年

　遠隔心理支援は，比較的精神的な健康度の高い集団を対象とした 1 次予防，または 2 次予防の介入方法として，有効性が検討されています。精神的健康度が臨床域に達しない健常レベルの一般人口を対象として，主にインターネット認知行動療法の効果を検討した10件の RCT のメタ分析の結果によると，ウェブベースドプログラム群は統制群（待機リスト群，通常ケア群）と比べて，介入終了後に抑うつ症状や不安症状が顕著に改善し，6 カ月後のフォローアップ期間においても統制群との差が認められました（Deady et al., 2017)。同様の知見が，大学生や労働者を対象とした1次・2次予防研究においても，報告されています（Davies et al., 2014; Phillips et al., 2019)。

　産後うつなど，産前産後の周産期のメンタルヘルスの改善のためにインターネット認知行動療法の有効性も検討されており，抑うつと不安それぞれ4件ずつのRCTの結果を統合したメタ分析によると，抑うつと不安のいずれにおいても介入後に，インターネット認知行動療法群は統制群（通常治療群や待機リスト群）と比べて，抑うつ症状や不安症状が顕著に改善していました（Bayrampour et al., 2019; Nair et al., 2018)。

　児童・青年のうつ病や不安症へのインターネット認知行動療法や，注意バ

コラム㉑　遠隔支援提供の壁

　遠隔心理支援にはさまざまなメリットが想定されており，実際に有効性を支持するエビデンスが蓄積されています。しかしながら，国内外においてその普及はあまり進んでいないのが現状です。何が普及の障壁となっているのでしょうか。

　バレイロら（Barreiro et al., 2020)は，農村部などの非都心部での遠隔医療提供の障壁を検討した研究をレビューし，障壁を，技術面，医療システム面，教育面，財政面，プライバシー面，社会文化的課題面の6つの領域に整理しました。特に，遠隔医療の導入には，従来の支援法に親しんでいるスタッフやマネージャーからの抵抗が大きな障壁となることが，繰り返し報告されていました。

　そうした医療提供の障壁を取り払うためには，遠隔医療を受け入れる施設のマネージャーやそれを運用するスタッフが，遠隔技術を利用するメリットを十分に説明すること，支援技術が比較的容易に操作可能であること，新規の支援業務の追加によるスタッフ業務負荷への配慮（たとえば，金銭的保証）などが，有効であると指摘されています。　　　　　　　　　　　　［竹林由武］

イアス修正訓練[*3]の有効性を検討した25件の RCT のメタ分析によると，いずれの介入においても介入後に統制群（主に待機リスト群に比べて）抑うつや不安症状が改善したことが報告されています（Grist et al., 2019）。

［竹林由武］

【文献】

Barakat, S., Maguire, S., Smith, K. E., Mason, T. B., Crosby, R. D., & Touyz, S. (2019) Evaluating the role of digital intervention design in treatment outcomes and adherence to eTherapy programs for eating disorders: A systematic review and meta-analysis. *International Journal of Eating Disorders*, **52**(10), 1077-1094.

Barreiro, M., Coles, A., Conradt, C., Hales, E., & Zellmer, E. (2020) Barriers to the implementation of telehealth in rural communities and potential solutions. Nursing Undergraduate Work. 12. [https://digitalshowcase.oru.edu/nurs_undergrad_work/12]

Bastola, M. M., Locatis, C., Maisiak, R., & Fontelo, P. (2020) The effectiveness of mobile phone-based text messaging to intervene with problem drinking in youth and younger adult population: A meta-analysis. *Telemedicine and e-Health*, **26**(3), 270-277.

Bayrampour, H., Trieu, J., & Tharmaratnam, T. (2019) Effectiveness of eHealth interventions to reduce perinatal anxiety: A systematic review and meta-analysis. *The Journal of Clinical Psychiatry*, **80**(1), 18r12386.

Boland, V. C., Stockings, E. A., Mattick, R. P., McRobbie, H., Brown, J., & Courtney, R. J. (2018) The methodological quality and effectiveness of technology-based smoking cessation interventions for disadvantaged groups: A systematic review and meta-analysis. *Nicotine and Tobacco Research*, **20**(3), 276-285.

Davies, E. B., Morriss, R., & Glazebrook, C. (2014) Computer-delivered and web-based interventions to improve depression, anxiety, and psychological well-being of university students: A systematic review and meta-analysis. *Journal of Medical Internet Research*, **16**(5), e130.

Deady, M., Choi, I., Calvo, R. A., Glozier, N., Christensen, H., & Harvey, S. B. (2017) eHealth interventions for the prevention of depression and anxiety in the general population: A systematic review and meta-analysis. *BMC Psychiatry*, **17**(1), 310.

Donoghue, K., Patton, R., Phillips, T., Deluca, P., & Drummond, C. (2014) The effectiveness of electronic screening and brief intervention for reducing levels of alcohol consumption: A systematic review and meta-analysis. *Journal of Medical Internet Research*, **16**(6), e142.

[*3]　PC の画面上に提示された不安と関連する刺激に引きつけられた注意を，中立的な刺激に向けることを繰り返すトレーニングを指します。

Grist, R., Croker, A., Denne, M., & Stallard, P. (2019) Technology delivered interventions for depression and anxiety in children and adolescents: A systematic review and meta-analysis. *Clinical Child and Family Psychology Review*, **22**(2), 147-171.

Gulliver, A., Farrer, L., Chan, J. K., Tait, R. J., Bennett, K., Calear, A. L., & Griffiths, K. M. (2015) Technology-based interventions for tobacco and other drug use in university and college students: A systematic review and meta-analysis. *Addiction Science & Clinical Practice*, **10**(1), 5.

Hanlon, I., Hewitt, C., Bell, K., Phillips, A., & Mikocka-Walus, A. (2018) Systematic review with meta-analysis: Online psychological interventions for mental and physical health outcomes in gastrointestinal disorders including irritable bowel syndrome and inflammatory bowel disease. *Alimentary Pharmacology & Therapeutics*, **48**(3), 244-259.

Kampmann, I. L., Emmelkamp P. M. G., & Morina, N. (2016) Meta-analysis of technology-assisted interventions for social anxiety disorder. *Journal of Anxiety Disorders*, **42**, 71-84.

Martorella, G., Boitor, M., Berube, M., Fredericks, S., Le May, S., & Gélinas, C. (2017) Tailored web-based interventions for pain: Systematic review and meta-analysis. *Journal of Medical Internet Research*, **19**(11), e385.

Moman, R. N., Dvorkin, J., Pollard, E. M., Wanderman, R., Murad, M. H., Warner, D. O., & Hooten, W. M. (2019) A systematic review and meta-analysis of unguided electronic and mobile health technologies for chronic pain—is it time to start prescribing electronic health applications? *Pain Medicine*, **20**(11), 2238-2255.

Nair, U., Armfield, N. R., Chatfield, M. D., & Edirippulige, S. (2018) The effectiveness of telemedicine interventions to address maternal depression: A systematic review and meta-analysis. *Journal of Telemedicine and Telecare*, **24**(10), 639-650.

Norwood, C., Moghaddam, N. G., Malins, S., & Sabin-Farrell, R. (2018) Working alliance and outcome effectiveness in videoconferencing psychotherapy: A systematic review and noninferiority meta-analysis. *Clinical Psychology & Psychotherapy*, **25**(6), 797-808.

Olthuis, J. V., Watt, M. C., Bailey, K., Hayden, J. A., & Stewart, S. H. (2015) Therapist-supported Internet cognitive behavioural therapy for anxiety disorders in adults. *Cochrane Database of Systematic Reviews*, **3**(5): CD011565. Published 2015 Mar 5.

Phillips, E. A., Gordeev, V. S., & Schreyögg, J. (2019) Effectiveness of occupational e-mental health interventions: A systematic review and meta-analysis of randomized controlled trials. *Scandinavian Journal of Work, Environment & Health*, **45**(6), 560-576.

Proctor, B. J., Moghaddam, N., Vogt, W., & das Nair, R. (2018) Telephone psychotherapy in multiple sclerosis: A systematic review and meta-analysis. *Rehabilitation Psychology*, **63**(1), 16-28.

Senanayake, B., Wickramasinghe, S. I., Chatfield, M. D., Hansen, J., Edirippulige, S., & Smith, A. C. (2019) Effectiveness of text messaging interventions for the management of depression: A systematic review and meta-analysis. *Journal of Telemedicine and*

Telecare, **25**(9), 513-523.

Seyffert, M., Lagisetty, P., Landgraf, J., Chopra, V., Pfeiffer, P. N., Conte, M. L., & Rogers, M. A. (2016) Internet-delivered cognitive behavioral therapy to treat insomnia: A systematic review and meta-analysis. *PLoS One*, **11**(2), e0149139.

Torok, M., Han, J., Baker, S., Werner-Seidler, A., Wong, I., Larsen, M. E., & Christensen, H. (2020) Suicide prevention using self-guided digital interventions: A systematic review and meta-analysis of randomised controlled trials. *The Lancet Digital Health*, **2**(1), e25-e36.

Wang, Y., Lin, Y., Chen, J., Wang, C., Hu, R., & Wu, Y. (2020) Effects of Internet-based psycho-educational interventions on mental health and quality of life among cancer patients: A systematic review and meta-analysis. *Supportive Care in Cancer*, **28**, 2541-2552.

Wootton, B. M. (2016) Remote cognitive-behavior therapy for obsessive-compulsive symptoms: A meta-analysis. *Climinal Psychology Review*, **43**, 103-113.

Wright, J. H., Owen, J. J., Richards, D., Eells, T. D., Richardson, T., Brown, G. K., Barrett, M., Rasku, M. A., Polser, G., & Thase, M. E. (2019) Computer-assisted cognitive-behavior therapy for depression: A systematic review and meta-analysis. *The Journal of Clinical Psychiatry*, **80**(2), 18r12188.

第15章 推奨ソフトウェアや環境設定

　本章では，遠隔心理支援のためのソフトウェアの選定基準と，ソフトウェアを活用するうえでの留意点などを紹介します。なお，本章では主に，セキュリティに着目したソフトウェアの選定基準についてご紹介しており，特定のソフトウェアを勧めるような内容とはなっていません。各種ソフトウェアは日々アップデートを重ねており，細かな用途の違いにより，ソフトウェアの向き不向きが生じます。したがって，実施される際は以下の基準を参考に，ご自身の用途に合ったソフトウェアを選んでください。

1. 遠隔心理支援の実施に推奨される情報セキュリティ環境

　遠隔心理支援の実施に推奨される環境について，3つの視点からご紹介します。

■ (1) PC を設置している物理的環境

　情報漏えいの多くは，「盗み聞き」や「盗み見」により発生しています。したがって，まずはこの物理的環境から整えましょう。たとえば，PC の画面が部屋の外からは見えないようにする，外に音が聞こえないようにする配慮です。

■ (2) PC 内の環境

　安全な遠隔支援のため，外部からの攻撃をシャットアウトするファイアウォールや，ウイルス対策ソフトウェアなどがインストールされた環境を推

奨します。また，OS や利用する遠隔コミュニケーションツールは，更新の
たびにセキュリティを強化するため，ソフトウェアは常に最新版を使用する
ようにしましょう。

■ (3) インターネットへの接続環境

　第三者が傍受できないような安全な接続を確立するため，誰でもアクセス
できる「フリー Wi-Fi」は使用せず，アクセスのための認証が必要な，限ら
れた者しかアクセスできないアクセスポイントを使用しましょう。

2. 遠隔心理支援に使用するソフトウェアの選定基準

　セキュリティの観点から推奨されるソフトウェアについては，アメリカ国
家安全保障局（National Security Agency: NSA）が，2020年にガイドライ
ンを発表しました。このガイドラインで定められた基準を以下に示します。
なお，ここではガイドライン中の専門的な用語を，平易な用語に置き換えて
記載しています。

　① 第三者が通信内容を傍受できないよう，利用者間で相互に通信内容
　　を暗号化する機能（End-to-End 暗号化：E2E 暗号化）が実装されて
　　いるか。
　② 暗号化する手法が強力で，よく知られた標準的なもの（たとえば
　　TLS）か。
　③ 複数の方法で本人認証ができる機能（多要素認証）があるか。
　④ 待合室などを利用してセッションに接続する利用者を，確認・コン
　　トロールできるか。
　⑤ 第三者への情報共有についてプライバシーポリシーを定め，共有を
　　最小限にしているか。
　⑥ 利用者は必要に応じて，サービスやその管理システムからデータを

削除できるか。

⑦ サービスのソースコードが公開されているか。

⑧ サービスやアプリケーションが，セキュリティに焦点を当てた政府の認証や審査を受けているか（NSA では FedRAMP や NIAP を推奨）。

　上記の評価基準をもとに，NSA では15の遠隔コミュニケーションツールを評価しています。その結果（2020年 6 月現在）の一部を表15-1に示します。この評価基準においては，シスコ社の Webex® と Zoom® が，ほぼ同等の水準でセキュリティの要件を満たしているようです。なお，この表に掲載されているツールはアメリカで使用されているものであり，日本ではここに記載されている以外のツールも数多く存在します。

表15-1　NSA の調査結果の抜粋

項目	評価結果			
	シスコ社 Webex®	Microsoft Teams®	Skype for Business™	Zoom®
① E2E 暗号化	Y[1]	N	Y[4]	Y[1,4]
② 標準的な暗号化	Y	Y	Y[4]	Y
③ 多要素認証	Y[1,2]	Y	Y	Y[1]
④ 参加の制御	Y[1]	Y	Y	Y
⑤ 最小限の第三者への情報共有	Y	Y	N	Y
⑥ データの削除	Client：Y Server：N[3]	Client：Y[1] Server：Y[1]	Client：Y Server：N[3]	Client：Y Server：N[3]
⑦ ソースコードの公開	N	N	N	N
⑧ セキュリティの審査	FedRAMP	FedRAMP	なし	FedRAMP

※ Y=Yes，N=No，
　1 = 設定可，2 = 無料プランでは N，3 = 詳細の公表なし，4 = 一部のみ実装

コラム㉒　コンピューターの耳——マイク選びのポイント

　皆さんの声は，コンピューターでデジタルデータに変換されて，話し相手のコンピューターに届けられ，データから音を合成して再生されます。この流れの出発点は，コンピューターの耳であるマイクです。本コラムでは，皆さんの声がより良く届けられるために，マイク選びのポイントについて少し述べたいと思います。

　マイク選びにはさまざまな視点が考えられますが，ここで取り上げたいのはマイクの指向性です。マイクの指向性とは，集音できる範囲や方向のことです。全方向から同じだけ集音できる「無指向性」と，ある方向からの音に集中して集音できる「単一指向性」があります。マイクに向かう人が1人であれば単一指向性が，複数人がマイクを囲むような形であれば，無指向性が推奨されます。逆になっても大きな問題は起きませんが，たとえばマイクに向かう人が1人の場合に，その人の音声だけでなく周囲のノイズまで拾ってしまい，話し相手にとっては不快な音も混じって聞き取りづらくなるかもしれません。カウンセリングの場面を想定するなら，個人面接には単一指向性，集団面接では無指向性が適しているでしょう。

　今，皆さんが使われているマイクの指向性を手軽に試すには，スマートフォンなどで皆さんの声をあらかじめ録音しておき，コンピューターのマイクから同じ距離だけ離して，さまざまな角度から同じ音量で音を流してマイクに聞かせ，入力される音量の違いを比べてみてください。方向によって入力の音量にばらつきが生じれば単一指向性，どこから流しても入力の音量に差がほとんどなければ無指向性です。ディジタル・オーディオ・エディタのソフトウェアを使って，入力される音量を視覚的に確認することもできます。

[村中誠司]

3. 配慮事項

　ソフトウェアを活用するうえでの，セキュリティに着目した配慮事項についてご紹介します。なお，対応方法はあくまで一例です。お手持ちの PC の環境や設定，使用する遠隔コミュニケーションアプリの仕様などで，具体的な対応方法は変わってきます。着目点は共通するものと思われますので，実践の際に以下の項目をチェックしてみてください。

■ (1) URL, パスワードなど, 入室に関わる情報を他者に教えない

　セッションに接続するためのパスワードを指定できる場合は，毎回伝えるよりもパスワードの生成ルールを共有しておくことで，毎回メールなどで伝える手間がなくなり安全です。

■ (2) セッションに参加する際に, 互いに本人であると確認できる情報（ユーザーネームなど）を共有しておく

　ウェブにおける待合室を使っても，入室を許可する際に本人であると判断する情報が限られているため，入室時に本人確認ができる情報を，あらかじめ共有しておきましょう。

■ (3) カメラを使用する場合は自宅周辺の情報を映さない

　プライバシーへの配慮のため，可能な限り，撮影場所の周りの情報がセッションに流されないように配慮する必要があります。

■ (4) 画面共有機能を使用する場合はアプリケーション単位で共有し, セッションに関係のない情報を見せない

　画面すべてを共有してしまうと，デスクトップ通知など，望ましくない情報も一緒にセッションに流されてしまうかもしれません。

[村中誠司]

【文献】

National Security Agency (2020) *Selecting and safely using collaboration services for telework* (May 7 ver.). Cybersecurity Information.

第16章 ビデオ通話

1. 支援法の概要

　遠隔心理支援の1つに，インターネット経由のビデオ通話による方法があります。これは，相談機関に出向くことなく，遠隔プラットフォーム（Skype，Zoom など）を用いて行う心理支援サービスです。ビデオ通話による支援は，遠隔地にいながら対話的な支援を受けることができること，柔軟なスケジュール調整が可能なことなど，利便性といった観点で優れていますが，対面と比較したときに，非言語コミュニケーションを読み取ることの難しさ，事前準備の負担の大きさ，セキュリティや秘密保持への懸念があります。

　COVID-19の感染拡大を契機に，ビデオ通話による心理支援サービスの需要は拡大しつつありますが，日本ではいまだに遠隔心理支援方法のガイドラインが整備されておらず，各機関が試行錯誤しながら実施しているのが現状です。

　著者が所属している，認知行動療法を提供する私設カウンセリングルーム（京都 CBT センター）では，当初対面カウンセリングのみ対応していましたが，遠隔地からの来談者の増加に伴って，ビデオ通話によるカウンセリングを実施することになりました。当センターでのビデオ通話によるカウンセリングの累積セッション数は100回を超え，2020年3〜7月に7回実施したオンライン研修では，延べ約2,000名の支援者にご参加いただきました（コラム㉓参照）。

コラム❷　研修やスーパーバイズについて

　京都 CBT センターではかねてより，専門家向けの研修を，定期的に開催してきました。

　これまでは会場参加型の研修が中心で，参加者は50～100名ほどでした。しかし，会場参加型研修の問題点として，①遠隔地からの参加が難しい点，②会場代などの固定費により参加費を高くせざるをえない点，③日程が合わないと参加できない点が挙げられました。

　そこで2020年 4 月に，オンラインでの参加が可能で，期間中であればいつでも視聴可能な，低価格の研修を実施することにしました。COVID-19の感染拡大により，外出自粛の影響もあったためか，700名ほどの方にご参加いただけました。

　以降も同様に研修を定期開催しており， 3 カ月で約2,000名の方が参加されています。参加者の反応には，「地方に住んでいて参加できる研修が限られているので，助かりました」といった感想が多くありました。今後，オンライン開催での学会大会や研修会が増えることで，場所と時間に縛られずに学ぶ場が増えることは，カウンセラーの資質向上に役立つのではないかと考えています。

　スーパービジョンにおいても研修と同様に，オンラインツールを利用することで，遠隔地からでも利用可能となってきました。スーパービジョンの新しい取り組みとして，京都 CBT センターでは，「模擬面接個別サポート」を実施しています。

　本サービスはオンラインツールを用いて，カウンセラー役とクライエント役に分かれ，模擬面接を行います。模擬面接を通じて，実際のセッションに近いやり取りを扱うことが可能で，リアルタイムでアドバイスなどを行うこともできます。2020年 5 月頃に本サービスを開始し，現在までに20名ほどの方が利用されています。

　今後，オンラインシステムの発展とともに，地方格差が減ってくることを期待しています。　　　　　　　　　　　　　　　　　　　　　　　　　　[岡村優希]

　本章では，京都 CBT センターで実施しているビデオ通話を用いた心理支援サービスを紹介します。

2. 支援の流れ──京都 CBT センターでのフロー

　当センターでの支援の流れは以下のとおりです。

　① ホームページ上でサービス内容，遠隔プラットフォームを確認する。
　② ビデオ通話カウンセリングに申し込む。
　　　・申込フォームを用いる。
　③ 事前連絡
　　　・日程，システム，実施までの流れ，振込先，リンクを伝える。
　④ 事前振込
　⑤ カウンセリング実施
　　　・10分前にプラットフォームを立ち上げる。
　　　・課題がある際には事前にメールで提出。
　　　・文字情報は画面共有する。
　⑥ 次回予約

■ (1) 確認事項の共有と申し込み

　クライエントには，予約に至るまでの流れとして，事前にホームページを読み，ビデオ通話サービスが利用可能か検討してもらっています（図16-1 左）。サービスが利用可能か検討してもらう情報として，巻末の資料 4「遠隔心理支援用インフォームド・コンセントのためのチェックリスト」内の項目などが参考になります。

　本センターでは，Zoom か Skype のいずれかのプラットフォームに対応しています。問題なければ，申込フォーム（Google フォーム）から申し込みます（図16-1 右）。

CBTセンターでのWEBカウンセリングはSkypeまたはZOOMで行います。

＜もともとSkypeをお持ちの方＞

1. SkypeID：SkypeCBTセンターで検索をかけてください。
2. リクエストを行ってください。
3. リクエストが通ったら、メールの指示に従って初回の質問票をご記入ください。

＜Skypeをお持ちでない方＞

1. パソコンをご用意ください。
2. メールでの指示に従ってSkypeまたはZOOMアプリをダウンロードし、インストールしてください。
3. 現在の大抵のパソコンには元々ついていますが、もしない場合はウェブカメラとマイクを用意ください。
　（参考：写真を押すとAmazonに飛びます→
4. マイクとカメラのテストを行ってください（参考：Echo / Sound Test Serviceへのテスト通話）

＜パソコンは持ってないが、スマートフォンをお持ちの方＞

1. メールでの指示に従ってアプリをダウンロードし、インストールしてください。

カウンセリング申込フォーム

カウンセリング申込フォームに必要事項をご記入の上、送信してください

カウンセリング申込フォーム
*必須

ご氏名 *

回答を入力

氏名のよみがな *

回答を入力

性別 *

○ 男性

○ 女性

ご年齢 *

図16-1　ビデオ通話開始前の確認事項の画面とカウンセリングの申込フォーム

■ (2) 申し込み後，面接開始前の事前連絡

　申し込みの確認後，担当者より連絡し，予約日時を決定します。その際，図16-2のようなメールをクライエントに送信します。事前のメールでオンライン環境，振込先，推奨事項を伝えておくことで，ビデオ通話による心理支援の懸念事項に対応しています。

　問い合わせがあった際には，メールか電話で対応しています。

　カウンセリング料金は事前振込制を採用しており，入金確認後にカウンセリングを実施します。

　面接当日の進行は，予約時間の10分前に，カウンセラーが事前にプラット

〇〇様
早速のご返信ありがとうございました。（所属名）の〇〇です。
では，〇月〇日〇時（Web カウンセリング）のご予約で承りました。
カウンセリングの料金に関しては，お手数ですが事前に銀行振込となりますので，
よろしくお願いします。料金はホームページ記載のとおり，初回は〇〇円となって
おります。

【振込先】
〇〇銀行　記号××××－×　番号××××××××

下記 URL から「初回質問票・心理検査」をダウンロードのうえ，ご記入ください。
パスワードは〇〇〇です。
https:// 〇〇〇〇

初回質問票と心理検査を事前にご記入いただいて，画像データを当日までにお送り
ください。

Web カウンセリングの事前準備としまして，Zoom もしくは Skype というアプリ
のいずれかを使用します。事前に，ご使用のパソコンまたはスマートフォン・タブ
レットに，インストールいただくことをお願いいたします。

〇〇アプリのダウンロード
・パソコンの場合：https:// 〇〇〇〇からダウンロードし，ファイルを開いて画面の
　指示に従ってインストールしてください。
・スマートフォンの場合，（中略）

その他推奨事項
・落ち着いて話せる安全な場所（カギのかかる場所が望ましい）
・インターネット環境（なるべく速く安定した回線が望ましい）
・声を聞く環境（イヤホン・ヘッドホンやパソコンのスピーカーがあると聞きやす
　い）

予約時間の10分前に，〇〇さまのアドレスに，Web カウンセリング招待メールをお
送りいたします。予約時間になりましたらリンクにお入りください。もし，何かご
不明な点やご質問がございましたら，お問い合わせください。

図16-2　面接の事前連絡メール

図16-3　セッション開始前に，セラピストとクライエントともに，写り具合や音
　　声環境など確認する場面（写真の人物は実在のクライエントではありません）

フォームを立ち上げて，クライエントと共有します。予約時間になってもア
クセスがない際には，5分程度待ったのち，電話にて確認します。
　セッティング完了後，すぐにカウンセリングを始めるのではなく，その前
にクライエントと音響や映像の確認を行います（図16-3）。それらに問題が
ないか確認したうえでカウンセリングを開始します。
　対面でのカウンセリングと基本的な流れは同じですが，ビデオ通話特有の
懸念と，それを補う工夫をいくつか紹介します。

■ (3) ビデオ通話の弱みを補う

● 会話のテンポや間は，ゆっくりしたペースを保ちましょう ●
タイムラグなどで音声が重なり，聞き取れないことがあるためです。

● 首を大きく振ってうなずくなど，リアクションをオーバーにしましょう●
非言語コミュニケーションが，ビデオを通しても明確に伝わるようにする

ためです。

● 介入を行う前提を，心理教育として丁寧に説明しましょう ●

これはとくに，認知行動療法を実施する場合です。心理教育を行う際には，画面共有機能などを活用し，視覚的にも理解しやすいよう工夫します。

■ (4) ビデオ通話の強みを生かす

ビデオ通話による心理支援には，以下のようなビデオ通話が持つ利点もあります。

① クライエントの日常生活の様子を把握しやすく，それらの情報を支援のリソースとして扱いやすい。
② 家庭内で困りごとが出現する場合（たとえば，強迫症状），その場で介入を行いやすい。

著者は認知行動療法をオリエンテーションとしており，上記を利点として挙げました。ただし，セラピストの技法や流派によっては，懸念点や利点が異なってくると考えられますので，あくまで一例としてご理解ください。

3. 介入例

強迫性障害に苦しむ，20代女性の A さんとのビデオ通話による心理支援について，紹介します。

A さんは洗浄強迫に苦しんでおり，外出が困難となっていました。当初は家族が来談し，家族支援を行っていましたが，本人の希望もあり，ビデオ通話によるカウンセリングを実施することになりました。

初回面接（♯1）では，口頭での情報だけでなく，ビデオ画面を用いて実際の洗浄強迫の様子を把握することができました。ビデオを通じて実際の強

迫行為を確認することで，口頭のみの情報に比べて，細かくセラピストが強迫症状を把握することができ，明確なケースフォーミュレーションが可能となりました。また，ホームワークとして，家庭内で出現する強迫行為の数（手洗いの回数）をカウントしてもらうことを依頼し，次回の面接前にメールで結果を送ってもらいました。

　次の面接（＃２）では，クライエントとホームワークの結果（図16-4）をもとに，困りごとを整理したのち，画面共有機能でパソコン上に示したPowerPoint のスライドを用いて，強迫症状の心理教育を行いました（図16-5）。その際，ご家族にも同席していただき，今後の流れを伝えしました。

　次の面接（＃３）以降は，強迫症状を改善するために，曝露反応妨害法を段階的に実施していきました。ビデオ画面越しに観察することが可能なため（図16-6），その都度アドバイスしながら対応することが可能でした。不快な状況に自ら接していくという，心理的な負担が強い介入方法であるため，万が一の危機に備えて，安全のために家族には近くで待機してもらいました。導入から終結まで，ビデオ通話のみでの心理療法の提供でしたが，次第にＡさんの強迫症状は緩和し，外出が可能となり支援は終結となりました。

図16-4　家庭内での強迫行為の記録を，画面共有機能を使ってセラピストとクライエントが共有している場面（写真は実在のクライエントではありません）

図16-5　ホワイトボード機能を使って，セラピストがクライエントに心理教育をする場面（写真は実在のクライエントではありません）

図16-6　ビデオ通話を通した曝露反応妨害法の実施場面（写真は実在のクライエントではありません）

4. 留意点

■(1) セキュリティ・個人情報守秘についての考え方と利用ツール

　遠隔プラットフォームのセキュリティなど，利用するツールについては，事前にクライエントと共有することが必要となります。京都 CBT センターでは事前にホームページとメール内で，ツールについて記載することで対応をしています。

■(2) 利用規約，インフォームド・コンセント，危機介入

　対面とビデオ通話による心理支援を比較した際，特にセッション内での自傷他害リスクのマネージメントや，危機介入の対応が，問題として挙げられます。そのため，以下の点に留意します。

　　① 利用規約に守秘義務の限界設定（緊急時対応，録画・録音の扱い等）を明記する。住所，緊急連絡先，通信場所等必要な情報を取得する。
　　② インフォームド・コンセントを行う。
　　③ 医療機関の紹介・連携を綿密に行う。

■(3) 技術的な問題が発生した場合の対応

　通信環境，コンピューターのスペック，アプリケーショントラブルなど，さまざまな要因によって技術的な問題が発生することがあります。セッション中は適宜技術的な問題が発生していないかどうか，セラピスト側から確認を行うとよいでしょう。もし，問題が発生していたら，対応策について話し合うようにします。ただし，技術的な問題に対して，セラピストがすべて対応できるとは限りません。そのような場合は，異なる通信手段を用いてセッションを継続できるように，あらかじめ準備をしておくとよいでしょう。

■■(4)　必要に応じて表現を多彩に

　遠隔心理支援のプラットフォームでは，非言語的情報の伝達が制限されます。これは，コミュニケーションにおける微妙なニュアンスのやり取りを困難にしたり，誤解を生み出すことがあります。必要に応じて，クライエントに対して少し大げさに表情やジェスチャーを用いるようにして，クライエントがその様子を確認できるように，カメラの位置を調整しておくようにします。ただし，自身の表情が，面接を行うときに邪魔に感じる場合もあります。その場合は，自分が写っているウィンドウをオフにするなどして対応するとよいでしょう。その他の非言語的な工夫については，巻末の資料5「ビデオ通話による遠隔心理支援における非言語コミュニケーションの工夫」もご参照ください。

［岡村優希］

第17章 テキストメッセージ

1. 支援法の概要

　テキストメッセージでは，電子機器（パソコンやスマートフォンなど）に入力した文字データを，オンラインでやり取りします。画像や動画が入りませんので，言葉で表現されないこと（たとえば，内に込めた感情や文字にできない皮肉）を支援者が読み取ることは，難しくなります（ただし，利用者が絵文字を使って自分の感情を表現することはあります）。その一方で，匿名性を保って利用でき，相談の敷居が低いこと，支援者の助言内容が文字として残ることで，利用者が助言内容を長く記憶に留めておけることは，大きな利点となります。

　テキストメッセージによる遠隔心理支援の代表は，電子メールと，SNS（ソーシャル・ネットワーキング・サービス）を用いたカウンセリングです。この2つは特徴が大きく異なります。表17-1でその違いを見てみましょう。

図17-1　電子メールと SNS の特徴

	電子メール	SNS
一度にやり取りする文章の長さ	長い	短い
メッセージをやり取りする回数	少ない	多い
即時回答を求められる傾向	やや低い	非常に高い
親密性	やや低い	やや高い
礼儀正しさ	やや高い	やや低い

　電子メールはどちらかというと，従来手紙でやり取りしていたものをオンラインに移行させたもの，SNSは会話をオンラインで文字化したものと言えます。ですから，最初の相談が来たとき，利用者側では，受付時間内であればSNSですぐにやり取りが開始されることを期待しています。一方，電子メールは，一般的にある程度の時間をかけて回答することが許容されています。内容が難しい場合，同僚や上司に相談して回答をすることも，比較的容易だと言えます。

　どちらの場合でも，利用者が示す情報量が対面よりも少ないのが，テキストメッセージの特徴です。ですから，支援者となる条件として，対面でのカウンセリング経験を積んでいること，回数限定の相談を受けた経験があることが，必須であると考えられます。

2. 留意点

■ (1) 構造を伝える

　テキストメッセージを用いた遠隔心理支援を行うにあたっては，対面での支援と同様に，どのような構造（匿名性の担保，費用，対応時間，1回あたりの相談回数上限，相談の限界）をとっているのかを，利用者に明確に示すことが求められます。

■ (2) 相談内容の多様性を理解する

　行う支援の対象者によって，相談内容は異なります。内容によっては，医療・福祉・行政を含む他の支援につなぐという選択肢もあることを，念頭に置くのがよいでしょう。勤労者の心のメール相談を実施している産業医の山本（2015）によれば，相談の第1位は勤務に関すること（休職・復職・過重労働）で，第2位には医療の受診が必要かどうか尋ねるものであったそうです。ただし，さまざまな理由で他の相談窓口に行けないからこそ，電子メー

ルやSNSを使っている事例も多く，無理をしてつなげようと焦らないように
するのが肝要だと，SNS相談を行う杉原・高間（2019）は述べています。

■ (3) 受容と共感を基本とした関わりを心がける

　心理支援というと，特定の心理療法に基づいた内容を入れなければいけな
い（あるいは入れたい）と思ってしまいますが，条件として明示している場
合は別として，その必要はありません。基本的な，受容・共感をベースにし
た関わりが望ましいと考えます。

　SNSカウンセリングを行っている下園・小野田（2019）は，死にたい気
持ちの支援カウンセリングに有効な，「味方メッセージ」（一緒に考えてくれ
る人であることを示すメッセージ）として，9項目を挙げています（図17-
1）。9番目を除いて，共感を主体としたものであることがよくわかります
（図17-1の右は支援者のメッセージ例です）。

　　① 聞いているよメッセージ
　　② それは大ごとだねメッセージ
　　③ 責めないよメッセージ
　　④ 変わらなくていいよメッセージ
　　⑤ 苦しかったねメッセージ
　　⑥ 頑張っているねメッセージ
　　⑦ 無理もないよメッセージ
　　⑧ 善戦しているよメッセージ
　　⑨ こうすればいいよメッセージ

図17-1　味方メッセージ（下園・小野田, 2019）

3. 介入例

　仮想事例として，20代女性のBさんへの介入を紹介します。

　Bさんは大学4年生で，母親から就職活動について口うるさく言われるようになり，自信がなくなりました。自分でもどうしてよいかわからず，いっそ死んでしまうことまで考えてしまいました。誰かに話を聞いてもらいたいと思い，匿名でSNS相談を受けてくれるサービスを見つけて，連絡を取りました。

　就職活動くらいで悩むなんて，と批判されたら嫌だなと思っていたBさんでしたが，カウンセラーから共感的なメッセージをもらったうえで，母親と1対1で話すのではなく，Bさんを比較的理解してくれている兄に同席してもらい，3人で話すことを勧められました。

　1週間後のSNS相談には，Bさんより，3人での話し合いがうまくいったこと，自分のできることからやってみたいというメッセージが入ってきました。

4. 想定される問題とそのケア

　テキストメッセージによる遠隔心理支援では，自殺企図や虐待といった差し迫った危機的状況（緊急事態）に対しての対応が，万全とはいえません。また，支援者が対応したメッセージに対して，利用者が拒絶・陰性感情を示してしまう，という可能性もあります。利用者がサービスに満足していない場合には，連絡を断つことが多いと考えられますので，あらかじめ相談を受け付けるウェブサイトやアプリなどに，他の支援サービスに関する記載を加えておくとよいでしょう。

［大江美佐里］

【文献】

下園壮太・小野田奈美（2019）危機介入カウンセリングと危機管理．杉原保史・宮田智基編著　SNS カウンセリング・ハンドブック．誠信書房，pp.63-84.

杉原保史・髙間量子（2019）さまざまな支援リソースにつなぐ．杉原保史・宮田智基編著　SNS カウンセリング・ハンドブック．誠信書房，pp.100-115.

山本晴義（2015）「勤労者　心のメール相談」からみたメンタルヘルス対策の実際．予防医学，**57**，25-29.

第18章 ウェブベースドな支援

1. 支援法の概要

　インターネットを活用した遠隔心理支援は，直接的な支援を意図したもの（オンライン上で認知行動療法のレッスンを受けるなど）から，間接的な支援を意図したもの（疾患に関する有用な情報を提供するなど）まで，目的に応じて柔軟に実施することができます。援助者がサポートするものもあれば，利用者が一人で行うものもあり，オンライン上でのディスカッションや，音声・動画の視聴，ゲーム形式での学習プログラムなど，その実施形態はさまざまです。

　インターネットを活用することで，これまでの対面式の心理支援において生じてきた問題（時間的・金銭的コスト，医療機関への移動の困難，心理療法を受けることによるスティグマ，臨床家の不足など）を解決できることが期待されています。加えて，柔軟な実施形態を有することから，以下のような長所があると言えます。

　　① 医療機関につながりにくかった対象への心理支援の拡大。
　　② 介入方略の拡張。
　　③ マルチメディア形式による学習・動機づけの促進。
　　④ 臨床家に依存しない一定の学習環境の提供。

　こうした遠隔支援は，抑うつや不安，ストレスなど，さまざまな心理的問題に適用されており，特に抑うつや不安に対するインターネットを活用した

認知行動療法の有効性が，報告されております（Olthuis et al., 2016; Webb et al., 2017）。

2. 留意点

■(1) ドロップアウト率の高さ

　遠隔心理支援では一般的に，プログラムからのドロップアウト率が高いことが知られています（Richards & Richardson, 2012）。そのため，取り組みに対するフィードバックを実施したり，利用者の興味関心を引くコンテンツを作成するなど，ドロップアウトを防ぐための工夫が必要になるでしょう。なお，ドロップアウトの予測因子として，併存する不安症状の存在などが指摘されています（Karyotaki et al., 2015）。

■(2) 援助者によるサポートの有無

　援助者によるサポートがあったほうが動機づけにつながりやすく，概して結果も良好であると言えます。一方で，援助者による電話連絡によって心的負荷が増大する可能性や（Farrer et al., 2011），効果はやや小さくなるものの，援助者がいない場合でも抑うつに対するインターネットを活用した認知行動療法の有効性が，報告されています（Karyotaki et al., 2017）。そのため，目的とする支援の内容や，援助者のコスト，利用者の希望などを鑑みて検討することが，重要だと言えそうです。

■(3) 利用者の好みへの配慮

　利用者のなかには，遠隔心理支援のような非対面式の援助を好まず，従来のような対面式の治療・援助を望む人々がいます。また，遠隔心理支援は，インターネット上で援助を求めるような人々に対して，最も有効であると示唆されています（Woodford et al., 2011）。これらを考慮すると，利用者が求

める治療・援助の形態を確認し，遠隔で行うことの必要性の有無を考慮しながら，支援方法を決定していくことが大切になるでしょう。

■ (4) 介入プログラムの安全性の確認

インターネットを活用した介入プログラムを活用する際には，①科学的根拠（プログラム作成者がどのような根拠に基づいて作成しているのか），②有効性・安全性（そのプログラムの効果は科学的に検証されているか，用いることによるリスクはないか），③情報セキュリティ（個人情報を厳密に管理できているか）など，エビデンスや安全性の有無を確認する観点をもつことが，効果的な遠隔心理支援方法の選択に役立つと考えられます。

3. 介入例

■ (1) 動画サイトを補助的に活用した例

1つ目の事例は，インターネット上の動画サイトを，補助的に活用した介入例を紹介します。

クライエント（40代男性）の主訴は，「汚いと感じられる対象を見ると，自分にその汚れがうつり，大切にしている家族（妻，二人の子ども）にもうつっていくように感じて，とても気分が悪くなる。いったん浮かぶと，頭からそのイメージを追い払うようにし続けるので，疲れきってしまう」といったものでした。

これは強迫症状の一種であると判断されたため，クライエントに対して，認知行動療法の曝露反応妨害法を用いたセッションを行いました。技法やセッションに関する詳細は割愛しますが，この介入では，強迫観念を喚起しながら強迫行為をしないことによって，強迫観念を受け入れられるようになることを意図しています。

こうした介入をより良く実践する方法のひとつとして，動画サイトにアッ

プロードされた動画のなかから，クライエントの強迫観念を強く引き起こすものを選び，それを次の面接までに毎日見てもらうことを取り決めました。インターネット環境ならどこでも実践できることや，動画の視聴によって強い強迫観念を喚起できること，一定の取り組み時間を担保できること，そしてクライエントがこの方法に対して非常に前向きだったことが，実施の理由でした。

　毎日行ううちに，クライエントは徐々に強迫観念をやり過ごせるようになり，その後のセッションでも，違う動画に対して実践するうちに，クライエントの強迫症状は低減していきました。

　この適用例では，日本語で活用可能な介入プログラムがなかったこともあり，こうした補助的な活用方法を試行しましたが，このように目的に応じて活用できる点も，遠隔的なアプローチの魅力だと言えます。

■■ (2) 自学式インターネットプログラムを活用した例

　2つ目の事例では，自学式インターネットプログラムをクライエントが活用し，抑うつ症状の改善に至った架空事例で，適用例を紹介します。

　35歳男性，昇格とともに職務負担が増加するなか，仕事のミスで上司から叱責を受け，心身の不調を呈するようになり，うつ病を発症して休職していました。休職中，地域のメンタルクリニックに通院して，抗うつ薬の服薬を継続し，3カ月後には抑うつ症状が軽快，半年後に職場に復帰しました。職場復帰後，休職していた自分に引け目を感じ周囲の反応が気になり，仕事のパフォーマンスに自信を持てずに過ごしていました。また，再び叱責を受けるのではないかという強い心配を拭えず，職場で落ち着いて仕事を継続することが難しく感じられていました。

　通院しているクリニックの主治医の勧めで，U2plus[*4]というインターネット認知行動療法を体験できるサイトを知り，それに取り組むことにしました（図18-1）。U2plusでは，インターネットの画面上で，①1日1回，

＊4　株式会社かいじゅうカンパニー運営［https://u2plus.jp］。

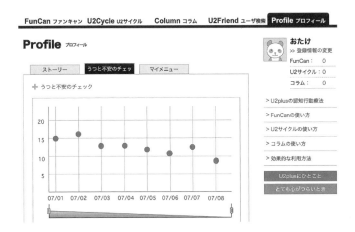

うつと不安のチェック

過去1週間、あなたがどのように感じていたかについておたずねします。
それぞれの質問に対して、そういう気持ちをどれくらいの頻度で感じていたか、
一番当てはまるものをひとつ選んでください。

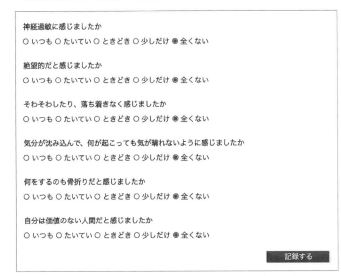

※ U2plusのうつと不安のチェックは、古川壽亮先生から許可をいただいた「K6」を使用しています。

図18-1　U2plus のプロフィール画面

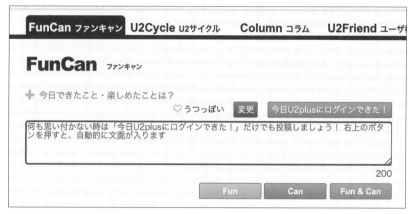

図18-2　FunCan 機能の画面

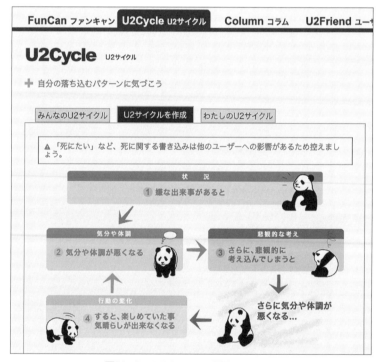

図18-3　U2Cycle の画面：その１

抑うつや不安の程度を評価しモニタリングする，②FunCan（ファンキャン）という機能で，日々の楽しかったことや達成したことを，フォーラムに投稿することができます（図18-2）。

　これらへの取り組みを2週間継続することで，職場でのちょっとした楽しいことやうれしいことにも気づきやすくなってきたように感じられました。3週目からは上記を継続しながら，U2Cycle（U2サイクル）とコラム法への記入を開始しました。

　U2Cycle では，強い抑うつや不安を感じた場面について，その状況，気分や体調，悲観的な考え方，行動の変化を図式化し，不快な気分の悪循環の仕組みを理解しました（図18-3，図18-4）。コラム法では，以前叱責を受けた上司とのやり取りに関連した場面で強く出てくる，悲観的な考え方を書き起こし，別な視点で柔軟に状況をとらえられるように取り組みました。

　開始時の抑うつと不安のスコアは15点でしたが，U2plus を1カ月継続した時点では5点にまで改善しました。職場で気持ちが不安定になる頻度も少なくなり，やりがいを感じながら自信を持って，仕事に取り組むことができるようになりました。

4. 想定される有害事象とそのケア

　想定される有害事象としては，援助者と対面しないことや，インターネット自体にアクセスしないことによって，利用者の症状変化をモニターすることが難しくなる可能性があるでしょう。そのため，利用者の状態をこまめにアセスメントし，適切に対処する工夫が必要だと考えられます。たとえば，ノースウェスタン大学のオンライン認知行動療法プログラムでは，ログインの頻度で自殺リスクの高さを判断し，それに基づいて治療者が連絡するといった方法が採用されており，こうした対策を準備しておくことが大切だと言えそうです。

［山本哲也・竹林由武］

① あなたが、つらくなる状況、ピンチになる状況、気分が落ち込む状況は？　**＋ヒント**

仕事の間違いを指摘された

例：上司に「もっとしっかりしてよ」と注意された。　88

② そのとき、気分や体調の変化は？　**＋ヒント**

怒り、落ち込み、ドキドキ、手汗

例：自信がなくなって不安。胃がいたくなる。　85

③ そのとき、どんな悲観的な考え方になりますか？　**＋ヒント**

こんな簡単なこともちゃんとできない出来損ないだ。
仕事に戻るのは早すぎた。自分はダメな人間だ。

例：職場に貢献できていない。みんなの足をひっぱっている。　53

④ そうすると、行動にどんな変化がありますか？　**＋ヒント**

仕事のことをずっと考えてしまう。ミスがないか何度も何度も確認してしまう。

例：朝起きるのがつらくなったり、休日に家で寝てばかりになる。会社では無駄に残業し64てしまう。

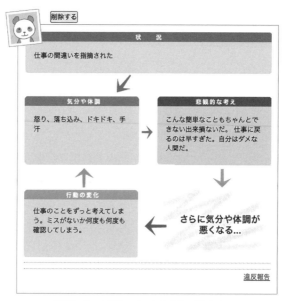

図18-4　U2Cycle の画面：その2

【文献】

Farrer, L., Christensen, H., Griffiths, K. M., & Mackinnon, A. (2011) Internet-based CBT for depression with and without telephone tracking in a national helpline: Randomised controlled trial. *PLoS One*, **6**(11), e28099. doi: 10.1371/journal.pone.0028099

Karyotaki, E., Kleiboer, A., Smit, F., et al. (2015) Predictors of treatment dropout in self-guided web-based interventions for depression: An "individual patient data" meta-analysis. *Psychological Medicine*, **45**(13), 2717-2726. doi: 10.1017/S0033291715000665

Karyotaki, E., Riper, H., Twisk, J., et al. (2017) Efficacy of self-guided Internet-based cognitive behavioral therapy in the treatment of depressive symptoms: A meta-analysis of individual participant data. *JAMA Psychiatry*, **74**(4), 351-359. doi: 10.1001/jamapsychiatry.2017.0044

Olthuis, J. V., Watt, M. C., Bailey, K., Hayden, J. A., & Stewart, S. H. (2016) Therapist-supported Internet cognitive behavioural therapy for anxiety disorders in adults. *Cochrane Database Systematic Review*, 3(3): CD011565. doi: 10.1002/14651858.CD011565.pub2

Richards, D. & Richardson, T. (2012) Computer-based psychological treatments for depression: A systematic review and meta-analysis. *Clinical Psychology Review*, **32**(4), 329-342. doi: 10.1016/j.cpr.2012.02.004

Webb, C. A., Rosso, I. M., & Rauch, S. L. (2017) Internet-based cognitive-behavioral therapy for depression: Current progress and future directions. *Harvard Review of Psychiatry*, **25**(3), 114-122. doi: 10.1097/HRP.0000000000000139

Woodford, J., Farrand, P., Bessant, M., & Williams, C. (2011) Recruitment into a guided internet based CBT (iCBT) intervention for depression: Lesson learnt from the failure of a prevalence recruitment strategy. *Contemporary Clinical Trials*, **32**(5), 641-648. doi: 10.1016/j.cct.2011.04.013

第 **19** 章 ┊ モバイルアプリ

1. 支援法の概要

　モバイルアプリケーション（スマホアプリ，アプリ）とは，スマートフォン，タブレット，ウェアラブルデバイスなどのモバイルデバイス上で動くように設計された，ソフトウェアアプリケーションを指します。昨今では，メンタルヘルスの維持・改善を支援するためのモバイルアプリが数多く開発され（図19-1），臨床現場に取り入れられています。支援者の対面でのサポートとモバイルアプリを併用した支援は，さまざまなメンタルヘルスの問題に対する効果が認められています（Linardon et al., 2019）。

　モバイルアプリを用いた支援には，たとえば，ビデオ通話アプリ（第16章）や，テキストメッセージアプリ（第17章）による支援も含まれます。

　本章ではとくに，メンタルヘルスへの支援を目的に開発されたモバイルアプリについて解説します。

2. モバイルアプリを用いた支援のメリットと留意点

　モバイルアプリを用いた支援のメリットと留意点について，整理してみましょう（表19-1）。利点は想像に難くないので，留意点について詳しく説明します。

図19-1　スマートフォンアプリの画面例（Awarefy [https://prtimes.jp/main/
html/rd/p/000000002.000057374.html] [https://play.google.com/store/
apps/details?id=app.awarefy.awarefyapp]）

表19-1　モバイルアプリ用いた支援の利点と留意点

利点	① リアルタイムで症状をモニター，エクササイズに参加可能。 ② 自己報告以外の情報（例：加速度センサー，GPS など）が得られる。 ③ オートマティックな即時フィードバックが可能。 ④ プロンプトの設定が可能（例：特定の時間やイベントを行ったときに通知） ⑤ プライベートで好きな時間・場所からアクセス可能。
留意点	① モバイルデバイスを所持している人に限定される。 ② 画面の大きさ，デバイスの機能，通信量，対応する OS に依存。 ③ 提供されるサービスの質にばらつきがあり，効果のない，あるいは有害なアプリにアクセスしてしまう可能性。 ④ アプリによっては取得された情報が無許可で使用される可能性。

■(1) モバイルデバイスを所持している人に限定される

　近年，モバイルデバイスの所有率は高くなっています。とくにスマートフォンの個人保有率は，多くの世代で増加傾向にあります。20代，30代は90％以上の利用者がスマートフォンを保有する一方で，70代のスマートフォン保有者の割合は18.8％，80代のスマートフォン保有率は6.1％と，世代による差が大きく（総務省，2018），デバイスを所持してない人に対しては，アプリを用いた支援をできない可能性があることに，留意する必要があります。

■(2) 画面の大きさ，デバイスの機能，通信量，対応する OS に依存

　個人が所有するデバイスや契約内容は多岐にわたります。それらの制限によって，アプリを用いた支援に抵抗を感じる人もいるでしょうし，実際に使うことのできないアプリも存在します。支援者は要支援者としっかりと話し合い，アプリによる支援の適応，不適応について判断をする必要がありますし，勧めようとしたアプリが使用できない場合の次の一手を，事前に考えておく必要があります。

■ (3) 提供されているサービスの質にばらつきがあり，効果の ない，あるいは有害なアプリにアクセスしてしまう可能性

　アプリには専門家によって開発され，効果が検証されている良質なものが あります。一方で，誤った情報や誤解を招く情報の提供（たとえば，アメリ カ精神医学会より，双極性障害のクライエントを対象としたアプリが，躁状 態のときにアルコールを飲むように指示した，という事例が報告されていま す）を行っているアプリや，効果をうたっていても実際には効果がなく，時 間を無駄にしたり，治療を長引かせるアプリも存在します。

■ (4) アプリによっては取得された情報が無許可で使用 される可能性

　現時点では，アプリのセキュリティに関する規制は厳しくなく，入力した データが不正使用される（たとえば，利用者から情報を集めて，それらを第 三者に提供する）可能性があります。

　これらのことから，支援者には，安全で効果的なアプリと，危険で効果の ないアプリの見極めが求められます。さらに，アプリは頻繁に更新，変更さ れるため，継続的なアプリの評価が重要です。一時的な評価は，そのアプリ のその時点の状態の評価でしかありません。

　また，個々のクライエントに対して，アプリの使用を考慮する際には， しっかりとしたアセスメントが必要です（あるクライエントにとって有用で も，他のクライエントにとって有害かもしれません）。ですので，アプリの 効果や安全性に関する適切な情報を得たうえで，使用する必要があります。 そこで，適切な情報を得るための5つのステップを紹介します。

3. モバイルアプリを評価する5つのステップ

　アメリカ精神医学会は，実践家とクライエントが精神的な問題に取り組むうえで，アプリをより良く安全に，より使用するための5つのステップを挙げています。各ステップは次のステップの前提となっており，ステップ1から評価を始めます。

　各ステップで確認すべきことなど，詳しい評価内容と評価のサンプルは，巻末の資料8「モバイルアプリケーションを評価する際の5つのステップと評価例」をご確認ください。

● ステップ1：アクセスと背景情報 ●

　アプリを評価する前に，アプリに関する背景情報の収集が重要です。費用や開発者などのアプリに関する基礎的な情報を，できる限り多く知っておきましょう。

● ステップ2：プライバシーとセキュリティ ●

　アプリの使用にあたっては，特有のリスク（プライバシー，セキュリティなど）があります。アプリを評価する際には，これらは非常に重要なチェック項目であり，しっかりと確認する必要があります。

● ステップ3：臨床的根拠 ●

　開発者はアプリの臨床的な効果や背景について，さまざまに主張することがしばしばありますが，多くの場合，それを裏付ける科学的根拠を欠いています。ステップ2で，十分なプライバシーとセキュリティが確保されていると判断したら，（可能であれば）次はそのアプリの効果に関する客観的なエビデンスを探します。

● ステップ4：ユーザビリティ ●

　ステップ2と3の基準を満たしていると判断したら，次はそのアプリの使いやすさや使い勝手（たとえば，カスタマイズが可能か，使いやすそうだと感じるかなど）について，確認します。

● ステップ5：治療の目標を見据えたデータの共有 ●

　最後のステップでは，利用するアプリのデータが支援者と共有可能かどうかを，確認します。データを共有することによって，臨床場面でアプリによる介入が，他の治療と切り離されてしまうことを防ぐことができます。それにより，いっそう治療の目標の実現に近づけることができます。

4. 介入例および想定される困難とそのケア

　ここでは，実際の介入場面において，モバイルアプリをどのように使用するかについて，その実践例を紹介したいと思います。

　考えられるモバイルアプリの使用方法としては，以下の3つがあります。

　　① カウンセリングに代わるものとして使用。
　　② 基本的にはクライエント自身でモバイルアプリを使用するが，必要
　　　 に応じて支援者がアドバイスやサポートをする。
　　③ カウンセリングのホームワークの補助ツールとして，もしくはカウ
　　　 ンセリングの復習としての使用。

　同じモバイルアプリであっても，①〜③のうちどのような使い方でもできるモバイルアプリもあれば，③に適したモバイルアプリなどもあります。

　今回は，③の使用方法について，著者がカウンセリングのなかで，クライエントのホームワークを補助するツールとして使用した実践例を，簡単に紹介します。

　著者は，クライエントに日々の生活や感じたことを記録できるアプリを紹介し，ホームワークを行う際の記録用補助ツールとして使ってもらいました。なぜアプリを使ったのかというと，クライエントが20代で，日々の記録に紙とペンではなくスマホを使いたい，という意思を示したからです。そして，「記録に適したアプリもありますけど」と伝えると，スマホにただ記録するよりもアプリを使いたい，というクライエントの意思をふまえて，アプリを紹介することにしました。

　クライエントには，嫌なことが起きたときに，そのときの自分の状態を記録をすることができるアプリを紹介しました。これは，カウンセリングの際にインストールもしてもらいました。そして，そのアプリを用いて，①どんなことが起きたのか（家族と子どものことで口論になった，など），②その出来事をどのように受け止めたのか，頭に浮かんだ言葉やイメージは何か（自分もできる限りのことをやっているはずなのに，など），③どんな気持ちになったか（イライラ100％のように，感情とその割合を入力する，など）を，著者がアプリの使い方を説明をしながら，クライエントと一緒に練習をしました。

　このように，アプリをクライエントに紹介する際には，使用方法を事前に丁寧に伝えることが大事で，どのようにそのアプリを使ってもらいたいかを，明確に伝えることが大事です。「これをインストールして，使ってください」では，クライエントはうまくそのアプリを使用することはできません。クライエントが自宅に帰ってから，いざダウンロードして使おうと思ったときに使い方がわからず，使用を断念することは容易に想像できます。

　実際，現状では日本で使用できるアプリのほとんどが，チュートリアルなどが実装されていない，利用者任せのアプリになっています。したがって，クライエントに目の前でダウンロードをしてもらって，かつ，使用方法について一緒に練習する，あるいはデモンストレーションをすることが重要です。もちろん，アプリの紹介にあたっては，リテラシー，年齢などを考慮して紹介することが必須です。

　また，アプリを用いるメリットのひとつとしては，言語化が上手にできな

いクライエントの情報を収集することができる，ということもあると思います。投影法とまでは言えませんが，言葉ではなかなか表現することが難しいクライエントであっても，スマホへの入力であれば得意かもしれません。このように，言語化する能力をアセスメントしながら，カウンセリングにアプリを利用することも可能です。

　アプリにはこれらの他にも，睡眠や運動，瞑想やリラクセーション用に作成されたものなど，メンタルヘルス向上に役立たせることができる数多くの種類があります。まず，自分で試しに使ってみて，その有用性を検討してください。

［高階光梨・横光健吾］

【文献】

Linardon, J., Cuijpers, P., Carlbring, P., Messer, M., & Fuller-Tyszkiewicz, M. (2019) The efficacy of app-supported smartphone interventions for mental health problems: A meta-analysis of randomized controlled trials. *World Psychiatry*, **18**(3), 325-336.

総務省 (2018) 平成30年度版 情報通信白書. [https://www.soumu.go.jp/johotsusintokei/whitepaper/ja/h30/pdf/index.html]

Torous, J. B., Chan, S. R., Gipson, S. Y. M. T., Kim, J. W., Nguyen, T. Q., Luo, J., & Wang, P. (2018) A hierarchical framework for evaluation and informed decision making regarding smartphone apps for clinical care. *Psychiatric Services*, **69**(5), 498-500.

　本章では，今般の新型コロナ感染症（COVID-19）がもたらしつつある，
メンタルヘルス上の問題とそのケアについて，最近のいくつかの学術論文な
どの報告に基づき概観してみます。

　私たちは，この問題が明らかになった比較的早い時期に，WHO や
UNICEF などが参加している，国連の機関間常設委員会（IASC）が作成し
たメンタルヘルスケア・マニュアルを翻訳する機会がありました。本マニュ
アルは，正式には**「COVID-19のメンタルヘルス及び心理社会的側面への対
応に関するブリーフィングノート」**（以下，「IASC マニュアル」と略記）と
名付けられ，すでに10カ国語以上に翻訳されています（コラム❷❹参照）。以
下の内容は，このマニュアルの内容も参照しています。

1. 新型コロナ感染症災害の特徴

　本感染症のアウトブレイク（突発的発生）は，広域性を持ち，多くの人が
感染し，死に至った人も少なくないという意味では，まさに災害と言えま
す。日本では災害というと震災や風水害をまずイメージしますが，このよう
な生物学的原因による災害もあります（福島の原発事故や今回のような新興
感染症アウトブレイクなどを，**「CBRNE 災害」**（コラム❷❺参照）と総称す
ることもあります）。

　今回の感染症災害は以下のような点で，自然災害とは大きく異なります。

　① 実体が不可視であり，また今後の展開が見通せないこと。

コラム㉔　IASC メンタルヘルスケア・ブリーフィングノート

　本マニュアルは，新型コロナ感染症流行下で行うべきメンタルヘルスケアについて書かれたもので，基本的には支援者向けとなっています。ただ，メッセージとして随所に当事者向けに書かれている部分もあり，これらはわかりやすく，とても有用な助言となっています。

　本マニュアルは大きく，総論的な部分と各論的な部分に分かれており，後者は，高齢者，障がい者，子ども，検疫・隔離中の住民，（感染）対応者，流行地の住民と，6つの対象者別に具体的な介入のあり方が書かれています。

　内容ですが，災害で見られやすい一般的なメンタルヘルス問題のほか，今回の感染症災害特有の問題が随所に取り上げられています。たとえば，自他の感染への恐怖や罪責感情，メディアへの頻回暴露による心理的悪影響，長時間の閉鎖的環境におけるさまざまな心理的問題，偏見への遭遇といった，現在わが国でもしばしば言われている問題です。また，養育者が入院や検疫で隔離されている場合の残された家族の問題や，長期間の引きこもり的な生活のなかで生じる DV や虐待といった深刻な問題についても記述されています。すなわち，自宅で長期間待機するというのは，誰にとっても安全な場への避難ではないということです。

　全般として，（IASC としての人道支援の立場から）弱者への配慮について，あるいは人権への配慮については，より細かく記載されています。これらは，感染対応時にはつい忘れがちなことなので，重要な指摘と言えます。

　日本語版については，「新型コロナウイルス流行時のこころのケア」というタイトルで，https://www.d-kokoro.com/ からダウンロードできます。非常にすぐれたマニュアルですので，本章とあわせてぜひご参照ください。

［前田正治］

② どこが被災地なのか，はっきりしないこと。たしかに都市部のほう が感染リスクは高いと言われていますが，地方においてもそれは程 度の差でしかありません。

③ 人々の結びつきや，コミュニティの在り方自体が，大きく変容して しまうこと。

④ 偏見やスティグマといった，強い社会的反応が引き起こされている こと。

　これらの特徴は自然災害ではまず見られないものですが，福島原発事故で ははほぼ同様のことが見られました。津波被害が主であった宮城県や岩手県と は，際立った違いがここにあります。ただし，一方で上記の③については，

コラム㉕　CBRNE 災害

　CBRNE 災害とは，C（Chemical：化学的な），B（Biological：生物学 的 な），R（Radiological： 放 射 線 学 の），N（Nuclear： 核 の），E （Explosive：爆発性の）の頭文字をつなげたものです。いずれも人為性の 強い災害で，テロを前提とした災害とも言えます。それだけに，自然災害に 比べ，はるかに人々に与える心理的影響は深刻で，それが CBRNE 災害の 特徴でもあります。テロではなくとも，2011年に起きた東京電力福島第一原 子力発電所事故や，今回の新型コロナ感染症パンデミックについても，広く CBRNE 災害の一種と見なすことができます。

　自然災害と違い CBRNE 災害では，被ばくや汚染，感染といった事態を 想定しなければならないため，ゾーニングや除染といったアプローチが必須 となります。また，目に見えないものに対する強い恐怖が生じるため，被災 者のメンタルヘルス上の影響も，複雑かつ遷延化しやすいと言われていま す。偏見や風評被害といった強い心理社会的反応が起こるもの，CBRNE 災害の特徴です。　　　　　　　　　　　　　　　　　　　　［前田正治］

感染症災害に特有の厳しさがあります。たとえば福島では，偏見を受けながらも被災者は身を寄せ合って，互いにこの危機を乗り越えようとしましたし，こうした自助性や愛他主義は被災者の回復力，レジリエンスとなっていました。

　ところが，今般の感染症災害では，social distancing という言葉が象徴するように，身を寄せ合って危機を乗り越えるということが，うまくできません。東日本大震災では「絆」という言葉が世に広まりましたが，今般の災害では，まさにこの「絆」という言葉が象徴する人々のつながりが失われつつあります。もちろん，こうしたつながりの喪失は，メンタルヘルスに重大な影響を与えます。これが，今回の災害の非常に大きな，本質的な特徴であると言えます。一気に減じてしまったコミュニケーションをどのように回復させるかが，コミュニティの復興や回復の鍵となるし，本書を発刊した意図もまたそこにあるのです。

2. もたらされるメンタルヘルス上の問題

■ (1) 感染恐怖と感染させてしまうかもしれないという加害不安

　今般の感染症アウトブレイクで最大の問題となっているのが，この感染にまつわる恐怖・不安・自責の問題です。ただ，こうした感情が人々に引き起こされること自体は，なんら病的なことではありません。誰にでも生じている不安ですし，こうした不安感情があるからこそ，手洗いや3密を避けるなどの予防行動につながっています。

　ただし，こうした不安感情が極端になると，人々の認知傾向や生活スタイルに重大な問題を引き起こしてきます。たとえば，道行く人々がみな感染しているような，あるいは外の世界は危険に満ち満ちているような感覚に陥ってしまいます。こうなると，日常的な生活を送ることも，仕事や学校のような社会的活動を送ることも，著しく困難となってきます。

　また，こうした不安が社会に広まると，後に述べるような偏見やスティグマといった，強い社会心理的反応を引き起こしてきます。そしてそれは，人々の結束や自助性を阻害し，ますますコミュニケーションが図れなくなってしまいます。

■ (2) 引きこもりと没交渉

　今回の感染症災害では，学校も休学となり，仕事もテレワークが推奨されるようになりました。食事に行くことも，買い物に行くことも，コンサートやスポーツを見に行くこともできなくなりました。さらに都会では，公園のようなありふれた場所にさえ，行くことがためらわれるようになりました。「ステイホーム」という言葉がキャッチフレーズとなり，引きこもり生活が推奨されるようになりました。

　こうした引きこもりの推奨は，これまでの精神医療やその関連領域ではほとんど考えられなかったことですし，むしろ真逆のアプローチとなっています。ただし，このような引きこもり生活が短期間あったとしても，それはメンタルヘルス上大きな心配ではありません。問題は，こうした事態が数カ月にわたって続いた場合です。社会全体が引きこもり，巣ごもりを促すような事態が長期的に続いた場合，それが私たちのメンタルヘルスにどのような影響を与えるのか，この感染症の行方と同時に，私たちはメンタルヘルス上も未知の領域に入ったと言えます。

　また，引きこもり方も問題です。外出が自粛されているため，家族メンバー間の距離が取れなくなってしまうのです。このように，家族メンバーが，ずっと一緒に狭い空間で時間を過ごすことのメンタルヘルス上の弊害は，すでに過去の研究でも数多く言われています。とりわけ，家事などの負担が伝統的に大きくなりがちな女性のストレスは，否応なく高まります。

　さらに，休学が続くと子どももまた，家にずっと引きこもっているわけですから，それが心身に及ぼす影響は非常に大きなものになるでしょう。たとえば福島原発事故後には，放射線被ばくの懸念から多くの子どもが運動不足に陥り，肥満や多動といった心身の問題を呈しました。こうした長期間の引

きこもり生活によって，家庭内暴力（DV）や児童虐待も，起こりやすくなってしまいます。

　この強い制限下にあって，長期的なメンタルヘルスへの影響を考えると，適度に外出したり，外で遊んだり，家族の距離を取るということが，非常に大切になります。

■ (3) 抑うつと薬物依存，自殺

　種類を問わず災害においては，発災後しばらくは，多くの人が力を寄せ合って頑張る時期があります。これを高揚期，あるいはハネムーン期と称することもありますが，こうした時期はそれほど長く続くわけではありません。やがて疲弊し，幻滅する時期が訪れます。この時期になると，それまであまり表面に出なかったメンタルヘルス上の問題が顕在化してきます。抑うつ症状であったり，不適切飲酒や他の薬物依存であったり，場合によっては自殺といった破局的な問題がこの時期になると増えてきます。

　したがって，災害において，メンタルヘルスを維持するうえで最も難しいのが，急性期というよりはむしろこの復興期（慢性期）となります。重症急性呼吸器症候群（SARS）のような過去の感染症災害においても，抑うつ状態や自殺は大きな問題となりましたし，今回のコロナ感染症アウトブレイクでも，こうした長期的なメンタルヘルス上の対策が非常に大きな課題となります。

■ (4) 対応者の問題

　災害では，住民もさることながら，その支援に当たる人々に，大きなメンタルヘルス上の負荷がかかることはよく知られています（第10章のコラム❶参照）。今般のコロナ感染症災害でもこれは同様であって，医療関係者や福祉関係者，行政職など，この感染症対応のために前線で働いている就労者のストレスは，非常に強いものがあります。自他の感染の恐怖，厳格な感染防御手順，過重労働に加え，周囲の偏見にもさらされます。場合によっては，接する人々からの激しい批判を受けることさえあります。

　一般にこうした支援者は，自ら支援を求めることをしません。立場上，それが非常にしづらく，一人で悩みを抱え込むことも少なくありません。こうした支援者・対応者は，住民以上に大きなストレスがかかってしまうため，ケアのニーズは非常に大きいと考えられます。

■■(5) 偏見やスティグマ

　この感染症が問題となってから，偏見やスティグマを戒める言葉もよく聞かれるようになりました。今回の感染症災害で難しいのが，このような心理社会的問題が，感染防御の意識化や習慣化と深く関わっていることです。たとえば，感染した，あるいはそれを疑われている当事者を避けることは，感染予防・公衆衛生の面からは当然のことでしょう。しかし避けられる当事者は，自分が何か穢れてしまっているような，あるいは犯罪者のような気持ちになってしまい，大きな心理的トラウマともなってしまいます。

　とくに今回の感染症災害では，感染予防の観点から，感染した個人やその関係機関の情報が（匿名とはいえ）かなり開示されていますし，SNSなどでも，そうした情報は真偽を問わず拡散しています。したがって，当事者はもちろん，その家族や関係者までも感染の疑いの視線で見られ，社会的な阻害や孤立を味わわなければなりません。

　理解しなければならないのは，偏見やスティグマはその人の道徳性や倫理性に依拠するのではなく，恐怖や不安，猜疑心に依拠しているのであって，多くの場合その人に悪意はないということです。しかしながら，その対象となった人はひどく傷ついてしまうことは，知っておかなければなりません。そして，苦しんでいる感染者やその家族に対して，周囲の人は敬意をもって再びコミュニティに戻す努力をすることが非常に大切ですし，このことは「IASCマニュアル」でも強調されています。

■■(6) 弱者性をめぐる問題

　災害においては，その影響をとくに受けやすい人々がいます。いわゆる災害弱者と言われる人々で，子どもや高齢者，障がい者や妊婦などがそれにあ

たります。たとえば今回の感染症災害では，子どもは休学の影響を直接受けざるをえませんでしたし，高齢者は感染症の身体的影響を受けやすいばかりか，必要な介護サービスを受けられないといった事態に陥りました。子どもにせよ，高齢者にせよ，電子デバイスを十分に使えませんから，それだけ孤立しやすいといってもよいでしょう。

　さらに，今後おおいに問題となるのが，今般の感染症災害が引き起こす経済的インパクトです。具体的には，失業や貧困といった経済的問題が，少なからぬ人々を襲ってくるでしょう。私たちは平成不況下において，非常に長い期間，3万人を超す自殺者を出したことを忘れてはなりません。その場合は，とりわけ男性のほうがリスクが高くなるでしょう。今後のコロナ対策では，自殺予防が喫緊かつ最大の課題となるかもしれません。

3. ケアの原則

　新型コロナ感染症におけるメンタルヘルス対策の詳細については，ぜひ前述の「IASCマニュアル」を参照してください。ここでは，あくまでも原則的なことのみ簡潔に述べてみます。

■ (1) コミュニケーション手段の確保

　今般の感染症災害で最もやっかいなことが，このコミュニケーションの離断という問題です。「IASCマニュアル」でも，当事者への基本的な対応としては，（自然災害と同じく）**サイコロジカル・ファーストエイド（PFA：**コラム❷参照）が推奨されていますが，コミュニケーションが強く制約されたなかでは，それを行うこと自体がとても困難です。たとえば，対面式の心理面接などは，非常に行いづらい現状があります。

　そこで私たちは，どうにかして，支援のためのコミュニケーションを回復させなければなりません。本書はまさにそのために書かれたものですが，電話支援以外でもインターネットを用いた支援も今後おおいに検討されなけれ

> **コラム㉖　サイコロジカル・ファーストエイド（PFA）**
>
> 　サイコロジカル・ファーストエイドとは，災害やテロ，内戦などの災厄に襲われた人々に対する，心のケアを行うための方法についてまとめられたもので，専門家以外の支援者のために作られています。アメリカの国立PTSDセンターやWHOが作成したものがありますが，いずれも広く被災者に応対すべく，比較的簡易なスキル習得を目指しています。今般の感染症災害においても，メンタルヘルスケアに役立つ指針が随所に盛り込まれていますので，ぜひ参照してください。また両版のマニュアル（PDF）は，下記からダウンロードできますし，定期的に研修会も催されています。
>
> ■国立PTSDセンター『サイコロジカル・ファーストエイド　実施の手引き　第2版』（PDF）
>
> [http://www.j-hits.org/psychological/pdf/pfa_complete.pdf]
>
> ■WHO『心理的応急処置（サイコロジカル・ファーストエイド：PFA）フィールド・ガイド』（PDF）
>
> [https://saigai-kokoro.ncnp.go.jp/pdf/who_pfa_guide.pdf]
>
> 　　　　　　　　　　　　　　　　　　　　　　　　　　　　　［前田正治］

ばなりません。とくに災害時においては，「困ったときに相談してください」という待ちの姿勢のみでは不十分で，すでに何度も述べているアウトリーチ的な発想は欠かすことはできません。それは，今回の新型コロナ感染症対応においてもまったく同様です。わが国において，遠隔サポートが普及しているとは到底言えない現状では，こうしたスキルやツールの確立こそ，おおいに求められています。

（2）引きこもり生活への対処

　メンタルヘルスの専門家は長い間，この（社会的）引きこもりをどのように予防するのか，そこからどのように脱却するのかに心を砕いてきました。

上述したように，当事者にとっても，またその家族にとっても，長期にわた
る引きこもりを体験することは，メンタルヘルス上も重大な影響がありま
す。そういう意味では，現在のような事実上引きこもり生活が，社会的規範
として推奨されるような事態が訪れるとは予想もしていませんでしたし，こ
の事態が長期化した場合の心理的影響については，おおいに懸念せずにはい
られません。

　現在の"非日常的"生活が日常化しつつあるなかで，過去のルーティンを
取り戻す，あるいはそれをできる限り保持することが非常に大切となります
し，そのことは「IASCマニュアル」でも強調されています。たとえば，睡
眠・覚醒の生活リズムを壊さない，体を動かすといった基本的な習慣を維持
することはとても大切ですし，過去にうまくいった対処法を試みるといった
ことも大切です。なかでも運動は，高齢者の場合は生活の自立度を保つうえ
でも欠かすことはできませんし，子どもの場合は発達に直結する重要な習慣
となります。

　また，狭い空間に家族みなで長く生活することで，家族メンバー同士の感
情的な緊張が高まり，上述したようなDVや虐待が生じやすくなります。障
がいを持った人や介護を要する人と同居する場合についても，当事者や家族
メンバーのストレスは非常に大きくなるでしょう。可能な限り外出するなど
して，家族間の距離を取ることも大切です。

■ (3) メディア情報への対処

　メディア報道に長くさらされることによって，さまざまな心身の反応が引
き起こされてきます。東日本大震災時の津波映像がもたらした悪影響と同様
のネガティブな影響が，懸念されるということです。こうした情報をたくさ
ん知っておけば，より正しく対処できるというわけではありません。ある研
究でも，不安が高いからといって，それが正しい対処行動につながっていな
いことが指摘されています。福島の被災者が痛感したことですが，「正しく
怖がる」ことは，実際にはなかなか難しいのです。単純に，感染症に関する
ニュース報道などの視聴時間を減らすこと，たとえば1日30分以上コロナ関

連の番組や記事を見ないなどの自発的制限が，メンタルヘルスの維持には重要ですし，そのことは「IASC マニュアル」のなかでも強調されています。

■(4) 支援者・対応者ケア

上述したように，新型コロナ感染症対応においては，支援者や対応者の心身の負担は非常に重いものになります。「IASC マニュアル」では直接のメッセージとして，感染対応に当たる「一般就労者」と「リーダー」に向けて，それぞれ書かれています。詳細はマニュアルを読んでいただきたいのですが，とくに休息の必要性と，ノーマライゼーションの考えの大切さが強調されています。

ここでいうノーマライゼーションとは，障害福祉領域で使われるそれとは違います。それは，「災害やトラウマ時においては，悩みを持ったり，不安に陥り混乱することは誰しもが経験することで，決してその人が弱いことを意味しないし，恥ずべきことでもない」という考えです。これは，災害やトラウマ体験時の住民対応の原則でもある考えですが，支援者はそうした悩みを打ち明けづらい立場に立たされるので，よりノーマライゼーションの考えを定着させることが重要になります。

医療現場や行政，学校で働く対応者は，実際の感染リスクやその不安，感染予防のための厳格な手順がもたらすストレスはもちろん，住民や患者さんからのクレーム対応，対応者自身が偏見や差別の対象になってしまうといった，多元的ストレスにさらされます。換言すれば，対応者は感染の恐れだけではなく，メンタルヘルス上も最もハイリスクな人々ということになります。したがってこのセクションは，「IASC マニュアル」の中でも，とくに強調されて書かれています。

具体的には，第10章でも書いたように，組織内ケア（ラインケア）や，同職種によるケア（ピア・サポート）が基本的に大切となりますし，メンタルヘルスに関するレクチャーを随時行うことで，就労者自身のセルフケア能力を高めなければなりません。また，組織内のみでこれを行うことが難しい場合は，外部の専門支援機関にサポートを求めるライン外のケアも有効です。

> ## コラム❷⃝　学習性無力
>
> 　努力や工夫によって困難を乗り越えられたとき，それはその人にとって大きな自信となりますが，反対にいくら努力してもそれが実を結んだように感じられないとき，大きな失望になってしまいます。「何をやっても無駄ではないか」という気持ちが自分を支配するとき，すなわち無力感を学習するとき，その人は自信や自己効力感を失い，場合によっては抑うつ状態に陥ることもあります。これが「学習性無力」と言われる状態で，燃え尽き（バーンアウト）の根本にある問題と言えます。
>
> 　被災者やその支援者のように，長くストレス状況が続き，かつ適切に休息を図れないときに引き起こされやすいため，災害時にはとくに気をつけなければならない事態と言えます。　　　　　　　　　　　　　　　　［前田正治］

大切なことは，組織内で，メンタルヘルスを大切にするという雰囲気や文化を作ることです。

■ (5)　自分を褒める

　長引く自粛生活のなかで，「よく頑張っている」と自分を褒めること，あるいは苦しんでいる人を褒めることは，とても大切です。災害の復興期（慢性期）でしばしば被災者を覆うのが，疲弊や幻滅，失望といったネガティブな感情です。こうした感情は，「何をしても無駄だ」「自分は無力だ」といった，**学習性無力**（コラム❷⃝参照）を生み出してしまいます。

　自分を褒めること，ポジティブなフィードバックを自分に向けることは，慢性のストレス下にあっては，また長い復興過程にあっては，とても大切なことです。そうすることで，もう少し頑張ってみようという気持ちが生まれたり，自分に休息を与えたりすることができるようになります。ぜひこのことを心がけてください。

　　　　　　　　　　　　　　　　　　　　　　　　　　　　　　［前田正治］

電話支援に関するQ&A

Q1 ： 何度も頻回に電話をかけてくる方には，どのように対応すればよいでしょうか？

A アウトリーチ型電話支援を行うなかで，1回の電話支援で終了となるクライエントもいれば，相手から頻回に電話をかけてくるケースもあります。その場合でも，まずは相手の気持ちに寄り添い，共感的に接していきます。そのうえで，「なぜ頻回に電話をかけてくるのか」に関する見立てや評価を行うことが重要です。具体的には，「支援者に対して過度に依存的な関係を求めていないか」といった可能性を考えます。こうした判断をふまえ，場合によっては，電話支援の日時を事前に決めておくといった枠組みを設定したり，話し合う内容や優先順位を整理する必要があります。ただし，こうした提案をする際には，相手が支援者から拒絶されたと思われないように，十分に配慮しましょう。

Q2 ： 相手の話が長くて終わらないときは，どうしたらよいでしょうか？

A 話が長くて終わらない方に対して，終話したいと思いながらもずっと聞き続けるというのは，一見親切に思えますが，決して良いことではありません。クライエントは，話している最中はすっきりした気分になるかもしれませんが，電話を切った後で時間が経つと，話しすぎてしまった，自分の情報を出しすぎた，相手にはどう思われただろうなど，不安を感じることも少なくありません。クライエントを守るためにも，対話時間やその限界については，（対面式面接と同じく）ある程度ルール化しておいたほうがいいでしょう。

話が長くなりすぎていると感じたら，話の内容を整理してフィードバックし，「今日は○○のことをうかがったので，この他の話はまた，後日お聞きしたいです」などと提案して，具体的な日取りを決めて，終話する方向に促します。支援者に話を遮られた，拒否されたと感じられないようにしたいものですが，限界設定はきちんとしておかなければなりません。そうした傾向が続くようであれば，相談冒頭で，あらかじめ時間のルール（「今日は○○分の時間が取れます」など）をきちんと伝えておく必要もあります。

大切なことは，（対面式面接と同じく）このルールはそのクライエントだけに適用されたものではなく，組織全体のルールであることを理解してもらうことです。アウトリーチ型電話支援の場合は，こうした対応は比較的取りやすいと思います。

Q3 ： 怒りをぶつけられるような攻撃的な内容の電話には，どのように対応したらよいでしょうか？

A 怒りの感情をぶつけられたり，攻撃的な物言いをされると，支援者であってもやはり悲しい気持ちになったり，傷ついたりするものです。言われたきつい言葉そのものについて考えてしまいがちですが，クライエントも怒っている勢いで言っているだけかもしれません。怒りを伝えるということは，とても労力を使います。なのにどうしてわざわざ伝えたのか，本当は違う内容や気持ちを伝えたいのではないか，本当の主訴は何であるのかを評価をしながら聞くことが重要です。そのうえで，適切な対応を考えます。こうした怒りをぶつけられることは，災害などでは，電話支援に限らず訪問面接でもよく見られますが，大切なことは，この怒りが不安の反応であって，対応者に向けられたものでないことを理解することです。

また，怒りという感情は発する側も疲弊するので，電話は適度なところで切るようにしましょう。具体的には，1時間過ぎたら，「もう1時間を過ぎ

て，これ以上はお互いに冷静に話せないので切りますね」「○○日にまたかけます」など，次の日取りを決めて，電話で話してくれたことに感謝の気持ちを伝えながら，電話を切りましょう。

Q4：相談中，相手が沈黙してしまったときは，どうしたらよいでしょうか？

A 対面でも，沈黙の時間というのは気まずいものですが，電話の場合相手の表情が見えないことから，架電している側からすれば大変不安な時間に思えるでしょう。しかし，沈黙や間にも意味があります。何も話していなくても，相手の心のなかは忙しく動いていることもあります。沈黙を埋めるためにあわてて話すのではなく，しばし電話の向こうの相手の息遣いを観察しながら，次の言葉を待ってみることが必要です。考えをめぐらせている，泣いている，話に興味を失っている，疲れて一息ついているなど，感じる情報もあるはずです。それでも言葉がないときには，「いかがされましたか？」「ちょっと言葉が見つからない感じですかね？」と，静かに声をかけてみましょう。

Q5：詐欺やセールスの電話と間違われないためには，どうしたらよいでしょうか？

A 近年，振り込め詐欺などに代表されるように，電話を介して詐欺を行う犯罪が多く見られ，見知らぬ番号からの電話は非常に警戒されています。そのため，悪質電話と判断されないために，支援者も苦労しています。クライエントからの電話で予約するシステムや，対面式面接から電話支援に移行する場合には問題はありませんが，そのようなシステムがない場合にいくつかできることを挙げてみます。

① 電話支援開始前にできること

・そのような電話があることを，あらかじめ文書やハガキなどを送付して知らせておく（私たちはこの方法を用いています）。

・自治体の広報誌などを利用しアナウンスする。

　ハガキや広報誌などで通知する場合，電話支援の時期，目的，かかってくる電話の番号，所要時間などを知らせる必要があるでしょう。また，事前にそのような情報を伝えておくと，「広報誌（ハガキ）に書かれていた○○のお電話です」というような伝え方も可能となり，身元不明電話と区別をつけることができます。

② 電話支援時にできること

・自分が何者であるのか，所属と名前を冒頭できちんと名乗ること。

・電話の目的を簡潔に伝えること。

・もし電話相談により費用が発生する場合には，その金額を最初から明示しておくこと。

　どのようにして個人情報を知ったのか気にする方もいるので，個人情報の入手経路については，しっかりと説明できるようにしておきましょう。

資料1：電話記録票（例）

電話支援日：	● / ● ●●:●● ～ ●●:●●	不在日1	（ ）	支援者名
		不在日2	（ ）	
		不在日3	（ ）	
現住所		次回予約日	時間帯	

ふりがな 氏名	性別 ○ 男　○ 女	生年月日	年齢	支援時電話番号

【チェック項目】

現在の体調　　○ 問題なし　○ 不良　　体調の変化（一年前との比較）○ 改善　○ 変化なし　○ 悪化　○ 以前から問題なし
現在の睡眠状況　○ 問題なし　○ 不良　　状況の変化（一年前との比較）○ 改善　○ 変化なし　○ 悪化　○ 以前から問題なし

生活習慣について　　運動　　□ 問題意識あり [　　　　　　　　　　　　　　　　　　　　　　　　]
　　　　　　　　　　食事　　□ 問題意識あり [　　　　　　　　　　　　　　　　　　　　　　　　]
　　　　　　　　　　飲酒／喫煙　□ 問題意識あり [　　　　　　　　　　　　　　　　　　　　　　]
　　　　　　　　　　その他　□ 問題意識あり [　　　　　　　　　　　　　　　　　　　　　　　　]

憂うつ，沈んだ気持ち　　　　　　　　　　　○ なし　○ あり　→　□ 2週間以上続いている
過去，精神疾患の診断をうけたことがあるか　○ なし　○ あり　[疾患名：　　　　　　　　　　　　]
現在，継続した精神的症状があるか　　　　　○ なし　○ あり
現在通院している病院の有無　　　　　　　　○ なし　○ あり
　　　　　　　　　精神科 / 心療内科等　　　□ [疾患名　　　　　　　　　　　　　　　　　　　　]
　　　　　　　　　精神科以外　　　　　　　□ [通院科　　　　　　　　　　] 疾患名 [　　　　　　]
利用している相談機関（電話支援時点）　　　○ なし　○ あり　[相談先　　　　　　　　　　　　　]
現在の問題　　　　　　　　　　　　　　　　○ なし　○ あり　→　（ある場合，裏面の該当項目をチェック！）

【現在の状況・支援の概要】

電話支援内容	□ 傾聴　　□ 受診勧奨　　□ 生活習慣指導　　□ 心理教育　　□ その他の介入　　□ いずれもなし
	□ 電話での情報提供　具体的内容（ ）

支援後の対応	□ 外部連絡	○ 緊急　（ □ 自傷他害（虐待・DV等を含む）のリスク） □ 市町村 ○ 緊急性なし　　　　　　　　　　　　　　　　　　　　□ その他（ ）
	□ 文書送付	□ 紹介状　□ 医療機関情報資料　□ 情報提供書　□ その他（ ）
	□ なし	

支援結果	○ 支援終了	
	○ 支援不可	□ 拒否　　□ 死亡　　□ その他　（詳細： ）
	○ 継続支援	次回支援予定時期（　　月　　旬頃） 継続理由（ ）

支援結果判断理由	○ 支援終了理由	□ 改善_体調　□ 改善_環境　□ 不調の訴えなし　□ 自立性あり　□ サポートあり □ その他（ ）
	○ 継続支援理由	□ 体調不良_身体　□ 体調不良_精神　□ 社会不適応　□ 孤立 □ その他（ ）
	○ 詳細不明	

資料2：電話対応票──「現在の問題」チェックシート

一般	
☐	**自身の状態について**
☐	身体面の健康
☐	睡眠
☐	食行動
☐	運動
☐	抑うつ
☐	喪失反応（悲しみ）
☐	怒り・イライラ・暴力
☐	将来への不安
☐	希死念慮
☐	多量飲酒
☐	喫煙
☐	**家庭内の問題について**
☐	家族関係
☐	住環境
☐	日常生活や習慣に関すること
☐	経済的なこと
☐	**社会生活における問題について**
☐	学校に関すること
☐	近隣等の関係
☐	周囲の目や偏見
☐	仕事に関すること
☐	保健・医療・福祉
☐	行政政策への不満・補償問題
☐	風土・文化
☐	その他（上記に当てはまらないもの）
	［　　　　　　　　　　　　　　　　　　　　　　　　　　　　　　　　　］

資料3：相談先紹介のための資源の一例

【こころの相談，子育ての相談】

全国の精神保健福祉センター

●相談内容：こころの健康相談，精神医療に関わる相談，アルコール，薬物乱
用，思春期青年期の相談等メンタルヘルスに関わる相談に広く応じている。最
寄りの医療機関の紹介なども可能。

保健所・保健センター

●相談内容：不眠，うつ等，心の病気に関する不安や悩みのほか，子育てに関す
る悩みや，家庭内暴力，引きこもり，不登校等，思春期の問題に関する相談，
アルコール，薬物依存等の依存症に関する相談等も受けている。

【被災者の心の相談】

こころのケアセンター

●相談内容：災害時・後の被災者の心のケアを目的として設置される。これま
で，阪神・淡路大震災時に兵庫，東日本大震災時に岩手・宮城・福島，熊本地
震時に熊本にそれぞれこころのケアセンターが開設され，現在も活動を続けて
いる。

【法律】

法テラス

●相談内容：借金・離婚・相続等，さまざまな法的なトラブルの相談先。無料の
法律相談も受けられる。

司法書士総合相談センター

●相談内容：暮らしの法律トラブル，不動産の権利に関わること，事業・会社に
関すること，クレジット・サラ金などの借金の相談等，法律問題の相談ができ
る。

【消費生活】

消費生活センター

●相談内容：契約等に関するトラブルや多重債務問題等，消費生活についての相
談に応じる。消費者ホットライン（188）も開設している。

【犯罪】

犯罪被害者支援センター

- ●相談内容：基本的に，全国の都道府県に設置している民間支援組織。警察や弁護士会等との連携をとっていることが多く，心理的・経済的・法的なさまざまな相談に応じている。場合によっては，被害者につきそうエスコートサービスも行っている。

【高齢者】

地域包括支援センター

- ●相談内容：介護・保健・医療から高齢者を支える。高齢者の介護サービスや介護予防サービス，保健福祉サービス，日常生活支援等の相談に応じており，介護保険の申請窓口も担っている。

【青少年・子ども・虐待】

児童相談所

- ●相談内容：18歳未満の子どもの，児童虐待，発達の問題，いじめ，不登校など幅広い相談を請け負っている。虐待や子育ての悩みについての全国共通ダイヤル（189）を開設している。

【DV】

配偶者暴力相談支援センター

- ●相談内容：都道府県が設置する婦人相談所等，適切な施設において，配偶者暴力相談支援センターの機能を果たしている。婦人相談所のほか，男女共生センター，女性センター等でその役割を担っていることもある。

資料4：遠隔心理支援用インフォームド・コンセントの ためのチェックリスト

❏ テレビ会議には，対面セッションとは異なる潜在的なメリットとリスクがあ
ります（例：患者さんの守秘義務の制限）。

❏ 遠隔心理支援でも守秘義務が適用され，相手の許可なしにセッションを録音
することはありません。

❏ バーチャルセッションのために選択したビデオ会議プラットフォームを使用
することに同意し，心理士はその使用方法を説明します。

❏ セッション中は，ウェブカメラやスマートフォンを使用する必要があります。

❏ セッション中は，気が散ることのない静かでプライベートな空間にいること
が大切です（気が散らせるものには携帯電話やその他の機器も含みます）。

❏ 公共／フリー Wi-Fi ではなく，安全なインターネット接続を利用することが
大切です。

❏ 時間を守ることが大切です。面接予約のキャンセルや変更が必要な場合は，
事前に電話やメールで心理士に連絡する必要があります。

❏ 技術的な問題が発生した場合に，セッションを再開したり，スケジュールを
変更したりするためのバックアッププラン（連絡の取れる電話番号など）が
必要です。

❏ 危機的な状況になったときのために，少なくとも一人の緊急連絡先と最寄り
の救急医療機関を含む安全計画が必要です。

❏ 未成年の場合，遠隔心理セッションに参加するには，両親や法定後見人の許
可（および連絡先）が必要となります。

❏ ビデオセッションの費用に保険が適用されるかを保険会社に確認する必要が
あります。もし保険金が支払われない場合は，全額を支払う責任があります。

❏ 心理士として，ある事情により，遠隔心理支援はもはや適切ではないと判断
し，対面でのセッションを再開すべきだと判断することがあります。

出典：https://psych.or.jp/special/covid19/telepsychology/Informed+consent+checklist/
　　　（日本語訳：国里愛彦・竹林由武）

資料5：ビデオ通話による遠隔心理支援における非言語コミュニケーションの工夫

❑　遠隔支援では，クライエントを見ること・見られること，聞いたり・理解すること，ジェスチャー，アイコンタクト，触れること，香ることなどが制限されることを念頭におきましょう。

❑　背筋を伸ばし，開放的な姿勢をとりましょう。

❑　クライエントが防衛的な態度をとる場合は，自分とカメラとの距離を離しましょう。

❑　ジェスチャーは大きくしましょう。

❑　口調はゆっくり，大きく，はっきり，誠実に，知的に，情熱的に。

❑　適度にセラピストが話をしない時間を作って，クライエントが会話できるようにしましょう。

❑　子どもにはハンドジェスチャーが喜ばれます（グーパンチなど）。

❑　サムアップ（親指を立てる「いいね」のハンドジェスチャー）なども，相手の会話を止めずに相互理解を表現するのに役立ちます。

❑　部屋は，快適に感じる，気が逸れない，お互いが見え，お互いが聞こえ，視覚・聴覚的なプライバシーが保たれ，ちょうどいい大きさで，カメラのノイズが少ない場所が良いでしょう。

❑　バッテリーや Wi-Fi の環境を整えておきましょう。

❑　場合によっては，子どもが遊んでいる様子をカメラ越しに見ることもできます。

❑　音声プライバシーを保つのに，窓を閉める，カーペットを敷く，ヘッドフォンをつけるなどの配慮ができます。

❑　目の位置は，スクリーンの上から1/3くらいの位置になるようにフレームをセットしましょう。

❑　アイコンタクトができるように，相手の画像はカメラの真下か真上に配置する，電子カルテは相手の画像の下に配置しましょう。

❑　会話中はフレームアウトしないように気をつけましょう。

❑　後ろに光がある環境は（顔が暗く映るので）避けましょう。

❑　プリンターやファン，動物，騒音などの音は避けましょう。

出典：Roth, D. E., Ramtekkar, U., & Zeković-Roth, S.（2019）Telepsychiatry: A new treatment venue for pediatric depression. *Child and Adolescent Psychiatric Clinics of North America*, 28(3), 377-395. より一部抜粋.（情報提供：福島県立医科大学青木俊太郎）

資料6：遠隔心理サービスのための相談体制チェックリスト

患者にビデオ会議サービスが適しているかどうかのスクリーニング

❏ 患者の病状と認知能力を考慮します——患者は遠隔心理サービスを効果的に活用できますか？

❏ 患者はウェブカメラやスマートフォンなど，ビデオ会議のための技術的なリソースを持っていますか？

❏ 患者がIT機器を快適に使用できるようにするための配慮——ログインして，IT機器を効果的に活用することができますか？

❏ 患者はプライベートな遠隔心理支援セッションのための物理的な空間を準備できますか？

❏ 保護者の許可は必要ですか？　必要な場合は許可を得ましょう。

❏ 対面セッションではなく遠隔セッションを行うことを決定する際には，患者の安全性（自殺行為など），健康面での懸念（ウイルスリスク，移動性，免疫機能など），地域社会のリスク，心理士の健康を考慮しましょう。

技術面

❏ あなたの技術プラットフォームは，HIPAAの基準に準拠していますか？

　※HIPAA：米国の医療保険の相互運用性と説明責任に関する法令。日本では「医療情報システムの安全管理に関するガイドライン」（厚生労働省）；等を参照

❏ 技術の提供業者との間に共同事業契約（BAA: Business Associate Agreement）を結んでいますか？

　※共同事業契約：HIPAAで求められている。厚労省のガイドライン（上記）では，提携民間事業者の基準や個人情報の保護に関する契約を交わすことなどが定められている。

❏ 心理士と患者は，ビデオ会議のための十分なインターネット接続環境を有していますか？

- ❏ ログイン方法や技術の使い方について患者と話し合いましたか？
- ❏ 公共のWiFiや安全でないWiFiではなく，パスワードで保護された安全なインターネット接続を使用していますか？　患者はどうですか？（そうでない場合は，ハッキングされるリスクが高まります。）
- ❏ ハッキングされないように，ウイルス対策／マルウェア対策が最新であることを確認しましたか？　患者はどうですか？

セッティング

- ❏ プライベートな場所を確保していますか？　十分に静かですか？
- ❏ 部屋の照明が十分に明るいことを確認しましょう。窓が背面にあると，画面が暗くなり，見にくくなることがあります。
- ❏ アイコンタクトを改善するために，カメラと画面上の患者の位置が見やすくなるように調整しましょう。
- ❏ 背後にある私物や気が散るものをどかすことを検討してください。
- ❏ 画質や音質をチェックします。お互いの声が聞こえますか？　どちらもミュートされていないことを確認してください。
- ❏ なるべく，二人ともアイコンタクトをしっかりとり，はっきりと話すようにしましょう。

セッション前

- ❏ 患者と遠隔での健康関連サービスで起こりうるリスクおよび利点について話し合います。
- ❏ 患者または患者の法定代理人から同意書への署名を取得してください。心理士または患者が隔離されている場合には，インフォームド・コンセントは，電子的に取得する必要があります。
- ❏ 技術的な問題が生じた場合のバックアッププランはありますか？　危機的状況の場合にはどうでしょうか？　誰の連絡先を取得していますか？　患者がいる地域のリソース（例：救急治療室）を知っていますか？
- ❏ セッション費用の請求方法について話し合いましたか？　遅刻した場合や無

断キャンセルの場合にも料金は発生しますか？

❑ 患者が未成年の場合は，セッション中保護者がどこにいることにするか，決めておきましょう。

バーチャルセッションの開始

❑ 必要に応じて，患者の身元を確認します。

❑ 患者の接続場所と，連絡が取れる電話番号を確認します。

❑ 心理士および患者の接続場所のプライバシーの重要性を再確認します。

❑ 心理士が認識できるように，バーチャル訪問を受ける全ての人は，カメラの視界に入っている必要があります。

❑ セッションを許可なく録音している人がいないことを確認します。

❑ パソコンやスマートフォンのアプリと通知をすべてオフにしましょう。患者さんにも同じようにしてもらいます。

❑ 対面と同じように毎月セッションを行いましょう。いつも通りのあなたでいられますように。

出典：https://psych.or.jp/telepsychology/checklist_for_telepsychological_services/
（日本語訳：木内敬太・竹林由武）

資料7：遠隔心理支援メタ分析エビデンスリスト

　遠隔心理学の効果を検討した，メタ分析を含む系統レビューの概要一覧です。当該の問題に対して複数のメタ分析が存在する場合には，包括的かつ最新のものを任意に選択しました。なお，［　］内の数値は95％信頼区間を示しています。

【うつ】診断名／問題：うつ病
著者：Wright et al.（2019），RCT数：40
主な介入内容：認知行動療法
主な提供手段：ウェブベースドプログラム
メタ分析の主要な結果：
●治療終了後の群間差
　○ウェブベースな認知行動療法プログラム群は統制群（通常治療群，待機リスト群）と比べて，抑うつ症状が顕著に改善（$g = 0.502$ ［0.390，0.614］）
　　　セラピストガイドあり（$g = 0.673$ ［0.546，0.801］）
　　　セラピストガイドなし（$g = 0.239$ ［0.115，0.364］）
　○プライマリケアで実施されるウェブベースな認知行動療法プログラム群は統制群（通常治療群，待機リスト群）と比べて，抑うつ症状の改善に顕著な差が示されず（$g = 0.224$ ［-0.012，0.464］）
●フォローアップの群間差
　○ウェブベースな認知行動療法プログラム群は統制群（通常治療群，待機リスト群）と比べて，抑うつ症状が顕著に改善（$g = 0.386$ ［0.207，0.565］）

【うつ】診断名／問題：うつ病
著者：Senanayake et al. (2019)，RCT数：7
主な介入内容：多様
主な提供手段：テキストメッセージ
メタ分析の主要な結果：
●治療終了後の群間差
　○テキストメッセージ群は統制群（通常治療群など）と比べて，抑うつ症状の改善に顕著な差が示されず（0.23 ［-0.02，0.48］）

【睡眠】診断名／問題：睡眠障害
著者：Seyffert et al. (2016)，RCT数：13
主な介入内容：認知行動療法
主な提供手段：ウェブベースドプログラム（セラピストガイドなし）

メタ分析の主要な結果：
●治療終了後の群間差
　○ウェブベースドプログラム群は待機リスト群よりも睡眠障害重症度が顕著に改善
　　（−4.3［−7.1，−1.5］）
　○ウェブベースドプログラム群は待機リスト群よりも睡眠効率が顕著に改善
　　（7.2%［5.1%，9.3%］）
　○ウェブベースドプログラム群は待機リスト群よりも睡眠時間が顕著に増加
　　（20分［9分，30分］）
　○ウェブベースドプログラム群は待機リスト群よりも入眠時間が顕著に減少
　　（−11分［−16分，−5分］）
　○ウェブベースドプログラム群は待機リスト群よりも中途覚醒時間が顕著に減少
　　（−20分［−35分，−6分］）
　○ウェブベースドプログラム群と対面介入群に顕著な睡眠障害重症度の差は示されず
　　（1.07［−6.23，8.38］）
　○ウェブベースドプログラム群と対面介入群に顕著な睡眠効率の差は示されず
　　（−1.21%［−49%，46%］）

【不安症】診断名／問題：PTSD
著者：Olthuis et al.（2016），RCT 数：19
主な介入内容：認知行動療法，ビデオカンファレンスがメイン
主な提供手段：ビデオカンファレンス，電子メール，電話，ウェブベースドプログラム
メタ分析の主要な結果：
●治療終了後の群間差
　○遠隔心理学介入群は待機リスト群よりも顕著に PTSD 症状改善（g = 0.68［0.51，0.86］）
　○遠隔心理学介入群と対面介入群に顕著な PTSD 症状の差は示されず
　　（g = −0.05［−0.31，0.20］）
●フォローアップ（3 カ月〜6 カ月）での群間差
　○遠隔心理学介入群よりも対面介入群が顕著に PTSD 症状改善
　　（g = −0.25［−0.44，−0.07］）

【不安症】診断名／問題：強迫症患者
著者：Wootton（2016），RCT 数：9
主な介入内容：認知行動療法，ビデオカンファレンスがメイン
主な提供手段：ウェブベースドプログラム，コンピュータプログラム，ビデオカンファレン
　　　　　　　ス，電話
メタ分析の主要な結果：
●治療終了後の群間差
　○遠隔心理学介入群は統制群（待機リスト群や注意プラセボ群）よりも顕著に強迫症状改善
　　（g = 1.06［0.68，1.45］）
　○遠隔心理学介入群と対面介入に顕著な強迫症状の差は示されず
　　（g = −0.21［−0.43，0.02］）

●フォローアップ（6カ月～12カ月）の群間差
　○遠隔心理学介入群と対面介入に顕著な強迫症状の差は示されず
　　（$g = -0.28$［-0.58,　0.01]）

【不安症】診断名／問題：社交不安症患者
著者：Kampmann et al. (2016)，RCT 数：21
主な介入内容：認知行動療法，セラピストガイドありなし混合
主な提供手段：ウェブベースドプログラム
メタ分析の主要な結果：
●治療終了後の群間差
　○インターネット認知行動療法群は消極的統制群よりも顕著に SAD 症状改善
　　（$g = 0.84$［0.72,　0.97]）
　○インターネット認知行動療法群は積極的統制群よりも顕著に SAD 症状改善
　　（$g = 0.38$［0.13,　0.62]）

【摂食行動】診断名／問題：摂食障害
著者：Barakat et al. (2019)，RCT 数：12
主な介入内容：認知行動療法，心理教育，セルフモニタリング，動機づけ面接，セラピストガイドなし
主な提供手段：ウェブベースドプログラム
メタ分析の主要な結果：
●治療終了後の群間差
　○ウェブベースドプログラム群は統制群（主に待機リスト群）よりも顕著に摂食行動改善
　　（$g = 0.43$［0.27,　0.60]）
　○ウェブベースドプログラム群は統制群（主に待機リスト群）よりも顕著に摂食認知改善
　　（$g = 0.38$［0.20,　0.56]）
●フォローアップ（3カ月～18カ月）の群間差
　○ウェブベースドプログラム群は統制群（主に待機リスト群）よりも顕著に摂食行動症状改善　（$g = 0.35$［0.20,　0.50]）
　○ウェブベースドプログラム群は統制群（主に待機リスト群）よりも顕著に摂食認知症状改善　（$g = 0.21$［0.08,　0.33]）

【自殺リスク】診断名／問題：希死念慮
著者：Torok et al. (2020)，RCT 数：16
主な介入内容：認知行動療法
主な提供手段：ウェブベースドプログラム，セラピストサポートなし
メタ分析の主要な結果：
●治療終了後の群間差
　○ウェブベースドプログラム群は統制群（通常治療群，待機リスト群，注意プラセボ群）と比べて，希死念慮が顕著に改善（$g = -0.18$［-0.27,　-0.10]）
　○自殺念慮に焦点を当てたウェブベースドプログラム群は統制群（通常治療群，待機リスト

群，注意プラセボ群）と比べて，希死念慮が顕著に改善（*g* = −0.23 ［−0.35， −0.11］）
　○抑うつに焦点を当てたウェブベースドプログラム群は統制群（通常治療群，待機リスト
　　群，注意プラセボ）と比べて，希死念慮の改善に差が示されず
　　（*g* = −0.12 ［−0.25， 0.01］）

【身体疾患】診断名／問題：消化器疾患（過敏性腸症候群（IBS）や炎症性腸疾患（IBD）
著者：Hanlon et al. (2018)，**RCT 数**：3 （IBS），2 （IBD）
主な介入内容：認知行動療法
主な提供手段：ウェブベースドプログラム
メタ分析の主要な結果：
●治療終了後の群間差
　○インターネット認知行動療法群は統制群（通常治療群，待機リスト群）と比べて，IBS 症
　　状が顕著に改善（−9.63 ［−16.18， −3.08］）
●フォローアップ（6 カ月）の群間差
　○インターネット認知行動療法群は統制群（通常治療群，待機リスト群）と比べて，IBD
　　の機能障害の改善に顕著な差なし（−0.71 ［−1.85， 0.44］）

【身体疾患】診断名／問題：慢性疼痛
著者：Moman et al. (2019)，**RCT 数**：17
主な介入内容：多様
主な提供手段：ウェブベースドプログラム，アプリ，セラピストサポートなし
メタ分析の主要な結果：
●治療終了後の群間差
　○ウェブベースドプログラムやモバイルアプリケーションによる介入群は消極的統制群（通
　　常治療，待機リスト群，生活指導のみなど）と比べて，痛みの強度が顕著に改善
　　（−0.40 ［−0.70， −0.09］）
●中期フォローアップ（4 〜 6 カ月）の群間差
　○ウェブベースドプログラムやモバイルアプリケーションによる介入群は消極的統制群（通
　　常治療，待機リスト群，生活指導のみなど）と比べて，痛みの強度が顕著に改善
　　（−0.38 ［−0.71， −0.05］）
●長期フォローアップ（7 カ月以上）の群間差
　○ウェブベースドプログラムやモバイルアプリケーションによる介入群は消極的統制群（通
　　常治療，待機リスト群，生活指導のみなど）と比べて，痛みの強度に顕著な差は示されず
　　（−0.21 ［−0.75， 0.32］）

【身体疾患】診断名／問題：慢性疼痛
著者：Martorella et al. (2017)，**RCT 数**：16
主な介入内容：認知行動療法
主な提供手段：ウェブベースドプログラム，セラピストサポートあり
メタ分析の主要な結果：
●治療終了後の群間差

○セラピストガイド付きのインターネット認知行動療法群は，消極的統制群（標準ケアや待機リスト群）と比べて，痛みの強度や痛みによる生活の支障が顕著に改善
○セラピストガイド付きのインターネット認知行動療法群は，積極的統制群（対面認知行動療法など）と比べて，痛みの強度や痛みによる生活の支障の改善度に差はなし
●フォローアップの群間差
　　○セラピストガイド付きのインターネット認知行動療法群は，積極的統制群（対面認知行動療法など）と比べて，痛みの強度や痛みによる生活の支障の改善度に差はなし

【身体疾患】診断名／問題：がん患者
著者：Wang et al.（2020），RCT 数：7
主な介入内容：認知行動療法などストレスマネジメントの心理教育
主な提供手段：ウェブベースドプログラム
メタ分析の主要な結果：
●治療終了後の群間差
　　○インターネット認知行動療法群は統制群（通常治療群，待機リスト群）と比べて，抑うつ症状が顕著に改善（$g = -0.58$［-1.12，-0.03]）
　　○インターネット認知行動療法群は統制群（通常治療群，待機リスト群）と比べて，疲労が顕著に改善（-9.83［-14.63，-5.03]）
　　○インターネット認知行動療法群は統制群（通常治療群，待機リスト群）と比べて，苦悩の改善に顕著な差は示されず（$g = -1.03$［-2.63，0.57]）
　　○インターネット認知行動療法群は統制群（通常治療群，待機リスト群）と比べて，QOLの改善に顕著な差は示されず（1.10［-4.42，6.63]）

【身体疾患】診断名／問題：多発性硬化症
著者：Proctor et al.（2018），RCT 数：11
主な介入内容：認知行動療法，情動焦点心理療法
主な提供手段：電話
メタ分析の主要な結果：
●治療終了後の群間差
　　○電話介入群は，消極的統制群（標準ケアや待機リスト群）と比べて，抑うつ症状が顕著に改善（$g = 0.47$［0.21，0.73]）

【物質依存】診断名／問題：問題飲酒者（アルコール依存患者は除外）
著者：Donoghue et al（2014），RCT 数：11
主な介入内容：問題飲酒スクリーニング後に 1 ～ 4 回程度の飲酒行動の心理教育，フィードバック，アドバイスといった最小限の簡素な介入を実施
主な提供手段：ビデオ通話，電話，ウェブベースドプログラム
メタ分析の主要な結果：
●スクリーニング後～ 3 カ月の群間差
　　○ウェブベースドな認知行動療法プログラム群は統制群（通常治療群，評価のみの群，未介入群など）と比べて，飲酒量が顕著に改善（-32.74［-56.80，-8.68]）

●フォローアップ（3カ月後〜6カ月）
　○差を維持（−17.33［−31.82, −2.84]）
●フォローアップ（6カ月後から1年）
　○差を維持（−14.91［−25.56, −4.26]）
●フォローアップ（1年以上）
　○差は示されず（−7.46［−25.34, 10.43]）

【物質依存】診断名／問題：喫煙者
著者：Gulliver et al. (2015)，RCT 数：6
主な介入内容：多様
主な提供手段：ウェブベースドプログラム，コンピュータプログラム，電子メール，電話
メタ分析の主要な結果：
●治療終了後の群間差
　○介入群は統制群と比べて，禁煙日数が顕著に増加（RR = 1.54［1.20, 1.98]）

【物質依存】診断名／問題：喫煙脆弱集団（低い社会経済地位，精神疾患者，薬物依存入院患
　者など）
著者：Bolandi et al. (2016)，RCT 数：13
主な介入内容：多様
主な提供手段：ウェブベースドプログラム，コンピュータプログラム，電子メール，電話
メタ分析の主要な結果：
●治療終了後1カ月時点の群間差
　○介入群は統制群と比べて，禁煙日数が顕著に増加（OR = 1.70［1.10, 2.63]）
●治療終了後3カ月時点の群間差
　○介入群は統制群と比べて，禁煙日数が顕著に増加（OR = 1.30［1.07, 1.59]）
●治療終了後6カ月時点の群間差
　○介入群は統制群と比べて，禁煙日数が顕著に増加（OR = 1.29［1.03, 1.62]）
●治療終了後18カ月時点の群間差
　○介入群は統制群と比べて，禁煙日数が顕著に増加（OR = 1.83［1.11, 3.01]）

【健常者】診断名／問題：一般人口
著者：Deady et al. (2017)，RCT 数：10
主な介入内容：認知行動療法
主な提供手段：ウェブベースドプログラム
メタ分析の主要な結果：
●治療終了後の群間差
　○ウェブベースドプログラム群は統制群（待機リスト群，通常ケア）と比べて，抑うつ症状
　　が顕著に改善（$g = 0.25$［0.09, 0.41]）
　○ウェブベースドプログラム群は統制群（通常治療群，待機リスト群）と比べて，不安症状
　　が顕著に改善（$g = 0.31$［0.10, 0.52]）
●フォローアップ（6カ月）の群間差

　　○ウェブベースドプログラム群は統制群（通常治療群，待機リスト群）と比べて，抑うつ症状が顕著に改善（$g = 0.21$［0.04，0.38］）

【健常者】診断名／問題：大学生
著者：Davies et al.（2014），RCT 数：17
主な介入内容：認知行動療法
主な提供手段：ウェブベースドプログラム
メタ分析の主要な結果：
●治療終了後の群間差
　　○ウェブベースドプログラム群は，消極的統制群（未介入群，待機リスト群など）と比べて，不安症状が顕著に改善（-0.56［-0.77，-0.35］）
　　○ウェブベースドプログラム群は，消極的統制群（未介入群，待機リスト群など）と比べて，抑うつ症状が顕著に改善（$g = -0.43$［-0.63，-0.22］）
　　○ウェブベースドプログラム群は，消極的統制群（未介入群，待機リスト群など）と比べて，ストレスが顕著に改善（$g = -0.73$［-1.27，-0.19］）
　　○ウェブベースドプログラム群は，積極的統制群（対面 CBT など）と比べて，不安症状に顕著な差は示されず（-0.10［-0.39，0.18］）
　　○ウェブベースドプログラム群は，積極的統制群（対面 CBT など）と比べて，抑うつ症状に顕著な差は示されず（-0.33［-0.43，1.09］）

【健常者】診断名／問題：勤労者
著者：Phillip et al.（2019），RCT 数：34
主な介入内容：ストレスマネジメント
主な提供手段：ウェブベースドプログラム
メタ分析の主要な結果：
●治療終了後の群間差
　　○ウェブベースドプログラム群は，統制群（待機リスト群）と比べて，
　　　　抑うつ（$g = 0.30$［0.18，0.42］）
　　　　不安症状（$g = 0.34$［0.18，0.50］）
　　　　ストレス（$g = 0.54$［0.35，0.72］）
　　　　バーンアウト（$g = 0.51$［0.26，0.75］）
　　　　不眠（$g = 0.70$［0.25，1.15］）
　　　が顕著に改善（$g = 0.66$［0.42，0.90］）

【児童／青年】診断名／問題：うつ病や不安症（閾値下症状も含む）
著者：Grist et al.（2019），RCT 数：25
主な介入内容：認知行動療法
主な提供手段：ウェブベースドプログラム，注意バイアス修正訓練
メタ分析の主要な結果：
●治療終了後の群間差
　　○ウェブベースドプログラム群は，統制群（待機リスト群）と比べて，抑うつ，不安症状が

顕著に改善（$g = 0.66$ [0.42, 0.90]）
　○注意バイアス修正訓練群は，統制群（待機リスト群）と比べて，抑うつ，不安症状が顕著
　　に改善（$g = 0.41$ [0.08, 0.73]）

【児童／青年】診断名／問題：青年
著者：Locatis and Maisiak（2019），RCT 数：7
主な介入内容：飲酒量や頻度の報告や簡易なアドバイス
主な提供手段：テキストメッセージ
メタ分析の主要な結果：
●治療終了後の群間差
　○テキストメッセージ群は統制群と比べて，衝動的飲酒が顕著に増加
　　（OR $= 2.45$ [1.32, 4.35]）
　○テキストメッセージ群は統制群と比べて，週あたりの飲酒量に顕著な差が示されず
　　（$g = 0.28$ [−0.02, 0.58]）
　○テキストメッセージ群は統制群と比べて，機会あたりの飲酒量に顕著な差が示されず
　　（$g = -0.05$ [−0.15, 0.05]）

【周産期】診断名／問題：周産期の抑うつ
著者：Nair et al.（2018），RCT 数：4
主な介入内容：認知行動療法，心理教育，セルフモニタリング
主な提供手段：ウェブベースドプログラム，電話，E メール，チャット，アプリ，主にウェブ
　　　　　　　ベースドプログラム
メタ分析の主要な結果：
●フォローアップ（期間の詳細は不明）の群間差
　○遠隔心理学介入群は統制群（通常ケア）と比べて，周産期抑うつ症状が顕著に改善
　　（$g = 2.36$ [0.69, 4.03]）

【周産期】診断名／問題：周産期の不安
著者：Bayrampour et al.（2019），RCT 数：4
主な介入内容：認知行動療法
主な提供手段：ウェブベースドプログラム（セラピストのサポートがあったり，なかったり）
メタ分析の主要な結果：
●治療終了後の群間差
　○遠隔心理学介入群は統制群（通常ケア群，待機リスト群）と比べて，周産期不安症状が顕
　　著に改善（$g = 0.41$ [0.11, 0.71]）

資料 8：モバイルアプリケーションを評価する際の5つの　　　ステップと評価例

　このステップは，アメリカ精神医学会（The American Psychiatric Association）によって，2019年に提供されているモバイルアプリケーション（以下，アプリ）の評価モデル（App Evaluation Model）に基づいて，著者が作成したものです。

　ここでは，支援者とクライエントが精神的な問題に取り組むうえで，アプリをより安全に，より良く使用するための5つのステップを挙げています。

　各ステップに含まれる質問項目は，アプリの使用を検討するために必要な情報収集につながります。ステップ1～3は，アプリの安全性やその効果を評価するのに役立ち，ステップ4・5はアプリの使いやすさを評価するのに役立ちます。各ステップの評価においては，すべての質問項目に対して回答する必要はありませんが，さまざまな情報からアプリの利点と限界点を踏まえて，使用するかどうかを判断することが重要です。

　各ステップの項目について，SPARX の評価を例示しました。SPARX は，先進国のなかで一番10代の自殺率が高いニュージーランドの国家プロジェクトのひとつとして，オークランド大学の医療チームによって開発された，3D ロールプレイングゲームです。うつや不安への効果が実証されている，認知行動療法の考え方を学べるものとなっています（Google Play 概要欄より）。なお，SPARX の評価例は，著者が独自に実施したものです。

ステップ1：アクセスと背景情報

ステップ1は，アプリの内容等を評価するというよりも，基礎的な情報の評価です。

> 1 アプリの所有者は示されていますか？
>
> 2 アプリの資金源や利益相反は示されていますか？
>
> 3 アプリは信頼できる情報源から発信されていますか？
>
> 4 医療用の使用が可能だと示されていますか？
>
> 5 追加の費用や隠された費用はありませんか？
>
> 6 アプリはオフラインでも利用できますか？
>
> 7 どのプラットフォーム／オペレーティングシステムで利用可能ですか？
>
> 8 デスクトップパソコンで利用可能ですか？
>
> 9 アプリは iPhohe ／ Android のユーザー補助機能を使って利用できますか？
>
> 10 視覚障害やそのほかの障害を持つ人でも利用できますか？
>
> 11 アプリは過去180日間に更新されていますか？

SPARX 評価例：

1 スマイルブーム（SmileBoom Co.Ltd.）

2 いいえ。

3 心理ケア事業を行っている HIKARILab から情報発信されている。

4 うつ病やその他疾患の診断・治療はできないとされている。

5 有料だが，追加の費用はない。

6 ダウンロード前にはわからない。

7 iOS 6.0以降。iPhone, iPad および iPod touch。Android 4.1以上。

8 不明。

9 不明。

10 いいえ。

11 最終更新日は2018年8月28日

ステップ 2：プライバシーとセキュリティ

どのようなアセスメントや介入であっても，何らかのリスクは含まれています
が，アプリにも見落とされがちな独自のリスクがあります。たとえば，データコ
スト，社会的プロファイリング，保険適用の除外などが含まれます。通常の対面
式の治療法を選択する際には，デジタルプライバシーやセキュリティについては，
リスク要因にならないことが多いでしょう。しかしながら，アプリを使用するか
どうかの判断には非常に重要な要因であり，最初に評価すべき領域です。

1	アプリの使用前にアクセスすることのできる，わかりやすい内容の偽りのないプライバシーポリシーは設けられていますか？
2	データの使用用途や目的について説明されていますか？
3	保護対象保険情報（PHI）の利用について記載されていますか？
4	匿名加工情報か非識別加工情報のどちらですか？
5	データを第三者提供するにあたって，個人情報を持つ本人が反対することで提供を停止したり，データを削除したりできますか？
6	データはデバイス内に保存されますか？　Web上で保存されますか？
7	アプリはどのような第三者とデータを共有しますか？
8	必要に応じて，アプリは潜在的な危険性や安全性の懸念に対応するための体制が整っていますか？

SPARX 評価例：

1　いいえ。プライバシーポリシーへのアクセス不可。

2　いいえ。

3　いいえ。

4　不明。

5　不明。

6　不明。

7　不明。

8　プライバシーポリシーへのアクセスできないので，このアプリは十分な

プライバシーとセキュリティが確保されていない可能性がある。

ステップ3：臨床的根拠

開発者は，アプリの臨床的な効果や背景について主張することがありますが，多くの場合それを裏付ける科学的根拠を欠いています。ステップ2で十分なプライバシーとセキュリティが確保されていると判断したら，次はそのアプリの臨床的な効果や背景を裏付ける根拠を探します。

1　提供すると主張しているサービスを，アプリは実際に提供していますか？

2　提供されている内容は正しく，しっかりとまとまっており，コンテンツ間に関連がありますか？

3　活用事例を裏付ける資料や参考文献は何ですか？

4　学術機関，出版物，エンドユーザーからのフィードバック，あるいは調査研究による具体的な効果に関する科学的根拠はありますか？

5　有効性に関する科学的根拠はありますか？

6　有用性や実行可能性を検証する試みは行われていますか？

7　あなたが意図している使用に関する臨床的／回復基盤が，そのアプリにはありますか？

SPARX 評価例

1　はい。

2　はい。

3　不明。

4　はい。

5　はい

6　はい。

7　認知行動療法の考え方を日常生活のなかで学ぶことを意図している。このアプリは認知行動療法をベースに作られている。

ステップ 4：ユーザビリティ

　プライバシーとセキュリティ（ステップ 2）および，臨床的根拠（ステップ 3）について，十分な回答が得られたと支援者が判断するということは，そのアプリにはデジタル面の安全性やプライバシーに関して，最小限のリスクしかないと言えます。また，アプリを利用することによる利点があると考えられます。

　ステップ 4 では，アプリの使いやすさについて確認します。使いやすいかどうかは個人差に由来しますが，以下の質問によって，アプリのインターフェイスや全体的な機能を確認することで，アプリがユーザーにとってどの程度使いやすいかについて，情報に基づいた判断を下すために役立つでしょう。

> 1　ユーザーにとって，主にアプリをどのように利用しますか？（エンゲージメントスタイルは何か？）
> 2　アプリやその機能は，ユーザーのニーズや優先順位と一致していますか？
> 3　ユーザーが自由にカスタマイズできますか？
> 4　アプリには，利用可能な機能の範囲が明確に示されていますか？
> 5　アプリは簡単に使用できそうですか？

SPARX 評価例：

1　ロールプレイングゲームを通じて認知行動療法を学ぶ。
2　はい。
3　いいえ。
4　いいえ。
5　はい。

ステップ 5：治療の目標を見据えたデータの共有

　最後のステップでは，利用するアプリによって収集されるデータを，支援者と共有可能であるかを確認します。データの共有可能性は，ステップ 1 ～ 4 までの情報に基づいて，アプリが利用に適していると判断した場合に検討が必要ですの

で，最終ステップになっています。データを共有することによって，臨床場面での アプリによる介入が，他の対面式治療と切り離されてしまうことを防ぐことができます。それにより，さらに治療の目標を実現させることができます。

　場合によっては，アプリでデータを共有する機能は必要ないかもしれませんが，気分をトラッキングするアプリや投薬管理アプリでは，データを見る必要のある人たちが簡単にデータを共有し，アクセスできるようにすることは，考慮するべき重要な要素となります。

1　自身のデータをアプリ内で保存していますか？

2　アプリが明示している目的と一致する方法で，データを簡単に共有したり解釈したりすることができますか？

3　アプリは電子カルテや他のデータツール（apple Healthkit, FitBit）とデータを共有できますか？

4　アプリは個人で使用することを目的としていますか？　それともプロバイダー（支援者）と連携して使用するためのものですか？

5　プロバイダー（支援者）と連携して使用することを目的としている場合，データをエクスポートまたは転送する機能を有していますか？

6　アプリは積極的な行動の変容やスキルの習得につながりますか？

7　アプリは支援者とクライエントの治療同盟を改善しますか？

SPARX 評価例

1　不明。

2　いいえ。

3　いいえ。

4　個人で使用することを目的としている。

5　評価の対象ではない。

6　はい。

7　いいえ。

出典：https://www.psychiatry.org/psychiatrists/practice/mental-health-apps/app-evaluation-model（医療法人緑樹会やまうちクリニック　高階光梨）

■著者紹介（五十音順，2020年11月現在）

及川祐一（おいかわ　ゆういち）
　福島県立医科大学放射線医学県民健康管理センター

大江美佐里（おおえ　みさり）
　久留米大学医学部神経精神医学講座

岡村優希（おかむら　ゆうき）
　京都CBTセンター

後藤紗織（ごとう　さおり）
　福島県立医科大学放射線医学県民健康管理センター

小林智之（こばやし　ともゆき）
　福島県立医科大学医学部災害こころの医学講座

佐藤秀樹（さとう　ひでき）
　福島県立医科大学医学部災害こころの医学講座

瀬藤乃理子（せとう　のりこ）
　福島県立医科大学医学部災害こころの医学講座

高階光梨（たかしな　ひかり）
　医療法人緑樹会やまうちクリニック

竹林由武（たけばやし　よしたけ）
　〈編著者紹介参照〉

田中恒彦（たなか　つねひこ）
　新潟大学大学院現代社会文化研究科

堀越直子（ほりこし　なおこ）
　福島県立医科大学放射線医学県民健康管理センター

前田正治（まえだ　まさはる）
　〈編著者紹介参照〉

村上道夫（むらかみ　みちお）
　福島県立医科大学医学部健康リスクコミュニケーション学講座

村中誠司（むらなか　せいじ）
　大阪大学大学院人間科学研究科

桃井真帆（ももい　まほ）
　〈編著者紹介参照〉

山本哲也（やまもと　てつや）
　徳島大学大学院社会産業理工学研究部

横光健吾（よこみつ　けんご）
　立命館大学総合心理学部

■編著者紹介

前田正治 (まえだ　まさはる)

1984年，久留米大学医学部卒業。同大准教授を経て，2013年より現職。専攻は災害精神医学，精神医学的リハビリテーション。ガルーダ航空機墜落事故(1996年)，えひめ丸米原潜沈没事故(2001年) 等で被災者の精神保健調査・支援の責任者を務め，現在は福島において，県民健康管理センターやふくしま心のケアセンター活動に従事している。日本トラウマティック・ストレス学会会長を2010年から3年間務めた。

主著書：『心的トラウマの理解とケア』じほう出版，『生き残るということ』星和書店，『PTSDの伝え方：トラウマ臨床と心理教育』誠信書房，『福島原発事故がもたらしたもの』誠信書房　ほか多数。

現　在：福島県立医科大学医学部災害こころの医学講座主任教授，同大学放射線医学県民健康管理センター健康調査・県民支援部門長，ふくしま心のケアセンター副所長

桃井真帆 (ももい　まほ)

福島大学大学院教育学研究科修了後，福島県立医科大学附属病院神経精神科，財団法人金森和心会雲雀ケ丘病院に臨床心理士として勤務。2001年より福島学院大学福祉学部福祉心理学科，同大学院臨床心理学研究科にて，臨床心理士・精神保健福祉士等の養成に携わる。また，附属の心理臨床相談センターで臨床心理士としてカウンセリング業務にあたる。2015年4月より現職。

主著書：『福島原発事故がもたらしたもの』誠信書房

現　在：福島県立医科大学放射線医学県民健康管理センター特命准教授，同大学こころの健康度・生活習慣支援室副室長，臨床心理士，公認心理師，精神保健福祉士

竹林由武 (たけばやし　よしたけ)

2014年，広島大学大学院総合科学研究科修了。日本学術振興会特別研究員，統計数理研究所リスク解析戦略研究センター特任助教を経て2016年より現職。自殺の時空間疫学，心理療法の有効性評価，患者報告式アウトカム尺度などを専門とし，地域の自殺予防ゲートキーパー講習やメンタルヘルス研修の講師を多数務めている。

主著書：『ウェルビーイング療法：治療マニュアルと事例に合わせた使い方』星和書店，『医療，『医療・健康心理学入門』有斐閣，『感情・人格心理学（公認心理師の基礎と実践)』遠見書房，『たのしいベイズモデリング』北大路書房　ほか多数。

現　在：福島県立医科大学医学部健康リスクコミュニケーション学講座助教，国立精神・神経医療研究センター認知行動療法センター客員研究員，臨床心理士，公認心理師

遠隔心理支援スキルガイド
──どこへでもつながる援助

2020年12月15日　第1刷発行
2021年 3 月31日　第2刷発行

編著者　前　田　正　治
　　　　桃　井　真　帆
　　　　竹　林　由　武
発行者　柴　田　敏　樹
発行所　株式会社 誠 信 書 房
　　　　〒112-0012　東京都文京区大塚3-20-6
　　　　　　　　　　電話 03(3946)5666
　　　　　　　　　　http://www.seishinshobo.co.jp/